一万个奥秘 一千个谜 丛书

外国人文之谜

本丛书向青少年读者诠释广泛而丰富的
知识。知识性与趣味性并存，让学习成为愉
悦而轻松的享受！

宋 解◎主编

图书在版编目（CIP）数据

外国人文之谜/宋解主编 .——2 版 .——福州：福建少年儿童出版社，
2012.6（2015.8 重印）

（一万个奥秘一千个谜）

ISBN 978－7－5395－2545－7

Ⅰ.①外…　Ⅱ.①宋…　Ⅲ.①人文科学－世界－青年读物②人文科学－世
界－少年读物　Ⅳ.①C49

中国版本图书馆 CIP 数据核字（2012）第 144436 号

外国人文之谜——一万个奥秘一千个谜

主　　编：宋　解

出版发行：海峡出版发行集团

　　　　　福建少年儿童出版社

社　　址：福州市东水路 76 号 17 层　　　邮　编　350001

http://www.fjcp.com　e-mail：fcph@fjcp.com

经　　销：福建新华发行（集团）有限责任公司

印　　刷：北京一鑫印务有限责任公司

厂　　址：北京市顺义区北务镇政府西 200 米

开　　本：787×1092 毫米　1/16

印　　张：10　　　字　　数：55 千字

版　　次：2012 年 6 月第 2 版

印　　次：2015 年 8 月第 3 次印刷

ISBN 978－7－5395－2545－7

定　　价：25.60 元

如有印、装质量问题，影响阅读，请直接与承印厂调换。

出版者的话

一万个奥秘一千个谜

亲爱的小朋友，你想探索未知世界的种种奥秘吗？你想成为一名科学家吗？你可知道，无论在广袤的天宇中还是在古老的地球上，无论在千姿百态的自然界还是在我们的身体中，无论在科技领域还是在人文发展的历史长河，都一样存在着许许多多的未知奥秘、未解之谜，正等待着你去探索、去揭示。

本书是作者根据自己的科研成果和长期积累的珍贵资料，经过严格筛选，剔除伪科学的东西编写而成的，行文通俗生动，娓娓道来，将科学性、知识性、趣味性融于一体，颇具可读性。原书出版后，深受读者喜爱，先后重印七次，并获得过第九届冰心儿童图书奖大奖。为了更加适合低年级的小朋友阅读，本次将原书分八册再版，对书中的内容和文字均作了适当的处理。

充满好奇心和求知欲，是每个小朋友的共同心理特征。我们给小朋友奉献这套丛书，并非只是为了满足"猎奇"心理，更重要的，是为了帮助小朋友增长知识，开阔视野，启

迪智慧，激发求知欲，引领小朋友从此踏上探索科学宝库之路。或许，这正是你攀登科学高峰，走向科学圣殿的第一步呢！

本丛书主要由王奉安、赵九伶、杨秋白、刘宜学、马会春、赵立军等六位作者共同撰写，刘湘如也为本书补充了几篇文章（每篇文章均在篇末署有作者姓名）。宋解担任丛书主编，负责书稿的统改整理工作。

鉴于科学技术的迅猛发展，许多科学之谜正不断得到破解或已经有了新的解释，同时又有许多新的科学之谜在产生，而我们掌握的信息和知识却十分有限，因此本书难免会存在一些不尽如人意之处，恳请读者谅解和指正。

2004 年夏

一万个奥秘 一千个谜

目　录

一万个奥秘一千个谜

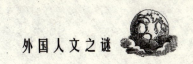

寻找消失的"古大陆"

一万个奥秘一千个谜

在研究人类文明发展的进程时，人们发现了许多无法解释的异常现象。它们是一个个待解之谜，人们都期望能够找到曾经失落的远古文明，解开这些谜。已经消失了的"古大陆"就因此而十分吸引人。

传说中的古大陆一共有 3 块。一块是大家都已知道的大西洲；另外两块的知名度不高，可是，也已经开始被越来越多的专家和学者关注。它们就是从太平洋上消失的"穆岛"和曾经存在于印度洋上的"勒牧提亚"。

在远古时代流传下来的手抄稿《查尔底恩》和《特洛诺》，以及记载太平洋古老陆地的许多资料中，考古学家逐渐发现了这样一个连贯的故事：在距今 1.2 万多年以前的年代里，在今天的太平洋中玻利尼西亚人生活的那一片小群岛的位置上，曾经有一块露出水面的古老大陆。这块古大陆就是后人所说的"穆岛"。它北起夏威夷，南接塔希提，东到复活节岛，西止马里亚纳，是一片长 8000 千米、宽 5000 千米的广袤土地。在这片土地上，生活着不同肤色、不同种族的人类成员。他们耕种、猎捕、烧陶、雕刻、绘画，在这里繁衍生息、文明发达。那时，在后来孕育了古老的中华文化和印

度文明的东亚大陆还覆盖在古代的冰川下面。1.2万年以前的某一天，一场前所未有的天灾，激烈的、范围广泛的大地震和所有火山的同时喷发，一下子摧毁了这块土地上的文明，使它伴随着这块大陆一道沉入了海洋的底部。

这个故事只是从古代传说的线索中整理出来的，目前还没有发现什么能证明它确实存在过的有价值的证据。可是对人类文明史的研究表明，古老的传说往往是古人类向后代传喻史实的一种方式。而这个故事的可信性还在于亚洲、美洲、大洋洲的种种人文科学之谜，都和它紧密地联系在一起。如：在日本的最古老、人数很有限的阿伊努人的来历之谜，太平洋各岛上的玻利尼西亚人的来历之谜，以及美洲土著为什么具有典型的亚洲蒙古人种特点的谜，都可以由这个故事的成立而得到完美的解释。所以人们十分希望能找到这块古大陆。

在另一块消失了的古大陆——勒牧提亚上，寄托着人们同样的希望。它曾多次出现在印度和斯里兰卡的古代记载中，在那里它都被描述为人类的最初诞生地，是诞生世界上所有人类文明的地方。现在的人们虽无法证明它确实存在过，可是，几百年来的大量考古发现表明，印度和非洲大陆存在着大量的同源互化现象，而且，人们还在这两块大陆上发现了大量相似的古代岩层。这种地质结构特点反映出，这两块大陆之间原来是有陆地连接在一起的。于是，一些人推测这块曾连接印度和非洲大陆之间的陆地就是勒牧提亚。他们认为，这块古大陆确实存在过，只是现在人们还无法说清它存在于什么年代，为什么会消失和在什么年代消失。

当然，现在地理学界有一种著名的观点——大陆漂移说。根据这种观点，非洲大陆和印度大陆原本是连在一起的，后来逐渐分离，经过几万年以后，形成了今天这种模样。这种观点对古大陆的存在有某种程度上的否定。而且，持这种观点的科学家认为在古代的某个历史时期，不仅印度和非洲，连著名的白令海峡原来也是连在一起的。这也可以对人文历史研究中的许多谜给予合理的解释。

不过，追寻消失的"古大陆"，仍然是众多考古学家和历史学家所热衷的工作。现在虽然还没有发现什么更有意义的实质性证据，但是，人们都相信，随着科学技术的发展，人们对陆地、水下的探索、观察能力将会发生根本上的改变，那时，人们将有可能找到破释这些人文历史之谜的关键性证据。

（赵立军）

一万个奥秘一千个谜

古代地图中的难解之谜

在土耳其国家博物馆里，收藏着一张珍贵的古代航海图和地图。它绘制在一张羊皮纸上，问世时间也不太早，是在1513年，由一位当时很著名的海盗绘制的。可是，这张地图

却揭示出了一些过去人类文明史中从来没提到的信息。这些新信息将使人类不得不对自身文明的探索、研究工作重新评价。这就使这张古代地图的身价倍增。

它是一张美洲地图，在当时来说也就是一张描绘欧洲人刚刚认识的新大陆的地图。这张图上清楚地画出了美洲的大体形状，也相当准确地绘出美洲大陆南部与非洲大陆隔海相望的情景。就是以现代科技的标准来看，这也是一张相当准确的自然地理地形图。

这张奥斯曼帝国初建时期的古地图最早引起人们的注意是在 20 世纪初。收藏它的博物馆长哈里认真辨认和整理了这张地图空白处注有的文字说明。他发现作者在说明中声称，为了绘制这张地图，曾经参考过 20 份海图。其中包括哥伦布发现美洲时亲手绘制的 1 份海图，另外，还有 8 份绘制于公元前 336～前 323 年之间的亚历山大大帝时代。而关于哥伦布海图一说，与所有史料中没有记载哥伦布绘制有任何航海地图大相径庭，这使哈里感到这份古代地图为历史研究提供了一个重要信息。但是，他没有想到，这张古地图对历史研究界的震动绝不仅于此。

在将近 50 年的时间里，史学界对这张海图的关注大体和哈里刚发现海图时的着眼点一致，只是想从这张海图中找到有关哥伦布海图的更具体的线索。

20 世纪 50 年代后期，由于一些研究人员相继从这张海图上得到了更重要的发现，它在史学研究中的地位就急剧上升了。首先，美国海军的旧海图研究专家发现：这张地图的下方用淡颜色绘出的南极洲部分陆地，其中呈现着没有被冰川覆盖的"莫德女王地"。这使人难以理解。因为这是一张绘制于文艺复兴时期的地图，虽然那时有一些地理学家已经提出"地球的最南端有一个巨大的大陆存在"的观点，可是在19世纪以前，还没有人在地图上标出过南极的位置。而这张16世纪的地图上却出现了实际位置相当准确的南极洲，与1949年实际测定的南极洲的地形轮廓进行比较，竟然有惊人相似的结果。难道有人在16世纪或更早的年代以前，就已经对我们这个星球了如指掌了？这使很多学者十分重视，很多人倾力研究。后来，人们又找到了与这张古代地图相同年代的另一张古地图。虽然作者不同，可在那张图上更准确地描绘了南极，而且图中不仅画出了"莫德女王地"，还绘出了南极大陆上突起的山脉和奔腾入海的河流，这使这张古图显得有违现实。可是根据地理学家应用现代科学技术进行考察的结果表明，南极大陆在被冰川覆盖之前，是块有山川和内陆河流的大陆。这就使人更奇怪了，文艺复兴时代的地图绘制者怎么会了解南极大陆冰川前期的地形地貌呢？

难道是有另一个阶段的人类文明给他们留下了什么文献资料？这种想法的前提就对应着一个奇迹。南极大陆的冰川时代可能早在几十甚至上百万年前就开始了，而现代人的祖先在那时要么还处于低级动物阶段，要么还没有出现在这个星球上，是根本不可能绘制地图的。如果那时就有绘图者，那么他们只能来自当时的人类之外。是外星来客，还是地球上过去的文明人类？这就是很难破解的谜。看来，人类的确

应该对我们赖以生存的这颗星球的历史重新认识，检讨一下过去所采用的基础理论和基本方法是不是有什么原则上就不科学的东西。这些都是给青少年们留下的重任。

（赵立军）

三叶虫化石中的人类脚印

三叶虫是一种细小的海洋无脊椎动物，与虾、蟹是同类。它们出现在6亿年前的地球上，而在2.8亿年前灭绝了。它们在地球上出现的时间之早和它们在地球上生存历史之久远，都是人类无法比的。而且可以这样说：人类从来都没有和三叶虫这种生物在地球上同时存在过。这是被人类的大量科学研究证明了的事实。

可是在近30年来，不断有考古发现，提供了违反已被人们公认的历史结论的现象：1968年6月，美国的一位业余化石爱好者米斯特在犹他州的羚羊泉附近，找到了几块三叶虫的化石。当他用地质锤轻轻地敲开一块石片时，它像书本一样打开了。他看到了令人吃惊的现象：被敲开的石片中，有一片上有一个人的脚印，脚印中央踩着几只三叶虫；另一片上也显现出几乎完整无缺的人的脚印形状。从这两个脚印还可以看出，留下脚印的人们都穿着便鞋。米斯特凭借自己的考古知识，意识到他的发现意义是重大的。和三叶虫同时出现在地球上的而且已经穿着鞋子的人类，决不可能与今天生存在地球上的人类有任何直接的联系。于是，他马上公布了自己的发现。此后不到1个月，著名地质学家伯狄克博士就亲自到羚羊泉进行考察。他也获得了同样的发现，他发现的是一个小孩子的脚印。在此之后又隔了不到1个月的时间，另一位美国人也在羚羊泉含有三叶虫化石的岩层中发现了两个穿鞋子的人类足迹。

几个人的相同收获，使这一发现成为无可争议的事实。这样一来历史学界和人类学界就被震动了。难道人类现在对自己的文明进程和人类自身的进化过程的认识是错误的？或者那时就有外星人光顾我们的地球？猜疑伴随着争论出现了。为了揭开谜底，有关学者对取得的实物进行了全面的科学鉴定。结果表明，这些化石确属 2.8 亿年以前的地质结构。人们不得不面对这种人类文明进程中的反常现象。因为更多的、实实在在的科学发现表明，人类的出现只不过是在四五百万年以前，而人类穿鞋的历史还不到 4000 年。在 2.8 亿年以前的地球上，不仅没有人类，也没有近似人类的生物，像猴子、熊或大懒兽等等，那时脊椎动物还没有进化出来呢。所以，在三叶虫化石中留下的这些和人类一样的脚印太反常了。

对这种反常现象，科学家们只能进行推断，提出比较能令人相信的解释。现在的解释观点基本上分为两种：一是认为地球上曾几度出现过人类文明，由于自然环境的分阶段骤

变，使地球上的人类文明生生灭灭，灭灭生生。根据这种观点，三叶虫化石中的脚印，就很可能是地球上 2.8 亿年以前的某个人类文明阶段的发达人类留下的。二是认为宇宙中有着其他的智慧生命，他们可能生活在太空中的某一个星球上，也可能就在太空中不停地遨游。他们多次光顾地球，三叶虫化石中的脚印很可能是他们留下的。

也许会有一天，人类真能搞清楚这两种观点哪一种是对的，那时，三叶虫化石中的脚印就不再是谜了。

（赵立军）

赫梯王国为什么突然消失了

在今天的土耳其境内、小亚细亚半岛上的安纳托里亚高原，曾经孕育过光彩夺目的上古文明。在距今 3100 年以前，这里曾经出现了一个强盛的奴隶制王国——赫梯王国。

早在公元前 3000 多年，亚孜勒河谷中就生活着一些部落民族，他们不属于印欧语系。人们称他们是"哈梯人"。那时他们已进入了奴隶制阶段，但是没有形成国家。

公元前 2500 年左右，这里涌入了一些印欧语系的部落，至今也没有人能说清楚他们是从哪儿来的，只知道他们讲的

都是印欧语系中的涅西特语。在时间的流逝中，这些外来部落和土著居民逐渐融合，结成了部落联盟，开始走向发达的国家文明。

安纳托里亚高原十分不利于农业发展的自然环境，无形之中推动了这里的人们向更高级的生产文明发展。在他们传统的经济活动中，畜牧业占据着重要的地位，而且，他们也没有忽视蕴藏在脚下的土地中的银、钥司、铁等天然财富。从公元前2500年以后，他们的社会就逐渐进入了发达的青铜器时代。

在公元前19世纪和前18世纪之交，一位部落首领塔巴尔那率领着他的部族勇士，经过一番内部征战，完成了统一的大业。赫梯王国从此建立，并定都于小亚细亚中部的哈图萨斯城（后改名为"波加兹克伊"）。

赫梯王国建立后，经济、文化发展迅速。赫梯人对苏美尔楔形文字进行巧妙的改造后，很快创造出了风格独特的涅西特楔形文字。他们注重军事力量的发展，还将土著居民的马车改造成实用的战车，使战斗力日益增强，为他们四处征战提供了必要的保证。公元前16世纪，他们攻入美索不达米亚平原，消灭了古巴比伦王国。他们吸收了巴比伦的文化，在国内进行改革，制定新的法典。这使赫梯王国进入了历史上的强盛时期。

又过了100年的时间，赫梯人就率先进入了铁器时代，这使他们的军事实力和生产水平大大地优于他们周边的国家。于是，驾着战车、挥着铁制兵器的赫梯人不断向外扩张，使

一万个奥秘一千个谜

赫梯王国迅速成为当时实力雄厚的军事强国之一。他们驰骋西亚，征服了腓尼基和叙利亚，把疆域扩大到整个小亚细亚半岛和幼发拉底河上游地区。

赫梯人和古埃及第十八王朝也曾为争夺叙利亚的控制权而展开了一场旷日持久的大战，几年来难分胜负，公元前1284年才握手言和。而从此以后，两国反倒成了关系密切的友好国家。尼罗河第二瀑布附近的古庙墙上，就有描写赫梯王将自己的女儿下嫁埃及法老的石刻壁画。画中不仅渲染了新娘到达埃及时的隆重场面，还刻意展现了新娘陪嫁的一把铁剑和一船纯铁。

赫梯人发达的冶铁业和高超的制铁器技术是载入史册的。考古学家从波加兹克伊附近的五陵遗址中挖掘出的含镍短剑及其他铁器和铁渣等实物，都充分证明它是世界上最早进入铁器文明的古老王国之一。

可是，令人不解的是，叱咤风云500多年的赫梯王国突然从地球上消失了。直到20世纪初，人们在波加兹克伊发掘出了赫梯王国的泥板文书，才使它又回到世人的记忆中。而在此之前的两三千年里，人们除了在《圣经》中偶尔能见到"赫梯人"这个词以外，历史竟然没有对赫梯作任何记载。

为什么会出现这种局面？是谁灭亡了赫梯，并且彻底摧毁了它的灿烂、悠久的文明成就，使它对后世毫无影响？这些都是至今仍十分难解的谜。

（赵立军）

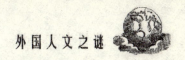

神秘的史前巨石文化

　　人类的先祖们在没有文字的时代，也没有忘记向后代传递他们的文化信息。只是他们往往通过形象化、象征性的手法来进行这种传递。而后人在这些原始的信息载体面前，往往束手无策，难以破释出创造者们的本来用意。

　　史前巨石文化遗迹就是这样的历史长卷。它包含着太多的难解之谜，使人们很难读懂它。在遍及西欧、大洋洲、中亚和包括中国、日本、朝鲜在内的东西亚的广大区域内，人们相继发现了这种巨石文化遗迹，它们是一些由粗石巨柱或各种形状的巨大石块竖立或者堆砌成的石碑、三石塔、巨石圈阵和巨石长阵。根据专家的考察分析认定，它们都出现在公元前四五千年以前的史前时期。在全世界，这样的史前巨石遗迹共有5000多处。它们都以那种原始的力和美的和谐，以及各自独特的风格感染着现代人。

　　在法国的卡尔纳克，人们可以看到气势恢宏的巨石长阵。一块块高达1～6米的巨大石块分成几群；每一群又是由10多列平行的巨石队列组成，每一列长约100米；整个石阵的总长达4千米；所用的巨大石块超过3000块。

　　英国南部沙利斯布里平原的史前巨石阵却又是另一种风

采。它们是由 3 个套在一起的巨大巨石圈阵组成。外圈石阵的直径约为 116 米，是由巨型青石构成的三石塔依次相接连成一圈而成。在这个圈阵内的石圈，是由三石柱和覆盖在上面的巨石横梁依靠凿出的榫头紧固在一起的。最里面的石圈阵的直径也有近 40 米……据考证，这里的巨石阵最早出现在公元前 4500 年左右。在以后的几百年里，又有人不断增建，才形成了后人看到的这种规模。现在，人们在几千米之外就能看到这些巨石建筑的巍峨雄姿。

在亚洲的巨石遗迹中，日本新石器时期具有绳纹文化特点的大汤环状石列也别具特色。它也有石圈，只是直径较小，只有 10 米左右。圈内呈放射状排列着成组的巨石。在石圈的中央，竖立着一块巨大的立石。整个布局犹如一座巨大的钟表。史学家们称这处文化遗址为"巨石之钟"。

这些巨石文化遗迹的象征意义实在令现代人难以捉摸，人们只能凭借各自的感受来领略它们所传递的史前文化信息。

史学界的专家、学者也只能进行猜测。有人认为：这些巨石是纪念碑。也有人认为：它们是史前人类进行宗教祭祀活动的原始神殿。还有人提出：英国境内的史前巨石圈是一种原始的天文台，因为在那儿发现了很多精确程度很高的天文观测功能。不过，这反倒使人更难以接受。难道史前原始人类已经有了需要相当发达的数学能力才能建立起来的精确的天文台？实际上，这些猜测的可信程度也真就在两可之间。

而这些史前巨石建筑的石料加工、搬运和安装也是一个令人难解的奇谜。许多巨石文化遗迹都远离石料产地 30～40

千米，甚至还有远隔 300 多千米的。史前人类在原始的生产力水平条件下，仅靠人力是如何运输的呢？有的巨石重达 50 吨，这对原始社会人类的生活状态来讲，无论采取什么样的方法运输和安装，必须同时参加劳动的人数都是当地当时可能有的人口总数无法相比的。更何况，这些巨石建筑中的石料大多是从山岩上采下来的，原始居民是靠什么力量完成这些艰苦的劳作的呢？如果说，著名的古代建筑奇迹万里长城和金字塔是在封建皇帝和奴隶主总头目法老的淫威下，民工和奴隶们不得不做那些人体难以忍受的苦役而建成的，那么巨石遗迹的创造者都是原始居民，谁能强迫他们做这种力所难及的艰苦工作呢？

难道它们又是外星人在地球上的杰作？这一切都不得而知。

（赵立军）

陶蒂华康为什么衰亡了

在墨西哥城东北 40 千米的陶蒂华康山谷里，隐藏着一座神秘的古城废墟。那里灌木丛之间，掩映着两座十分巍峨的金字塔，周围是一片残垣断壁，埋没在野草丛中。两塔的原

名弄不清楚了，后人分别给取名为"日塔"和"月塔"，整个
废墟被称为"陶蒂华康"，意思为众神的信徒得道之地。登上
日塔远望，可以看到排列整齐的街道、空旷的广场、倒坍的
宫殿和倾斜的庙宇房舍。整个遗址显示出，当初这里是依据
精确的城建方案建造出来的，布局合理，宽广壮观，面积不
小于 21 平方千米，比著名的古罗马城还要大。陶蒂华康的主
人是谁？他们从哪里来，以后又去了哪里？现今人们对这些
问题知道得仍然很少。

　　据传，陶蒂华康城的建立，是为了纪念从这里升起的
"第五个太阳"，或者说是为了纪念发端于此的世界第五次复
兴。考古研究证明，陶蒂华康兴建于公元前 200 多年，那时
候的西欧尚处于蒙昧时代，而陶蒂华康已属于第五次兴起，
人们弄不清楚那前 4 次复兴指的又是什么呢？

　　从挖掘的废墟可以看出，陶蒂华康全城以两条垂直的大
道为基线，主要的中轴干线被后人称为"黄泉大道"，南北贯
穿，长 1.6 千米以上，路面最宽达 42 米多。黄泉大道北端的
东面，屹立着著名的日塔——太阳金字塔。日塔近似于五点
形的棱锥体，很可能古代印第安人把"5"视为神圣的数目。
他们认为，四方对抗力量都得从属于寓有生命中心的第五点
——宇宙中心。日塔塔高 66 米，做工精细，至少费时 50 年，
动用工匠数千名。无论是规模还是建筑艺术水平，它都可与
埃及金字塔媲美。

　　现代许多考古学家都认为，陶蒂华康的崛起、兴盛以至
衰亡，大约在公元前 2 世纪到公元 8 世纪。公元前 200 年左

右，陶蒂华康山谷大概还只是零散地分布着一些小村落，后来逐渐发展，人口最多时达 20 万。可是后来不知为什么它却神秘地、彻底地毁灭了。关于陶蒂华康衰亡之谜，不太容易弄清，因为哥伦布发现新大陆之前的中美洲历史，人们知道得不多，这方面的文字记载也很少。有的考古学家认为，陶蒂华康的衰亡，可能是天灾、饥馑、瘟疫等引起的，抑或是北方部落的入侵。当然，也许是一个新的贵族阶级崛起，与祭司抗衡，并摧毁了神权统治，而他们内部很快又分化成敌对的派系，纷争不已，干戈大起，最终导致陶蒂华康的衰落。近年来的研究，给陶蒂华康的崩溃找到了一个可能的原因：陶蒂华康的祭坛杀人太多了！考古学家认为，陶蒂华康人崇拜雨神，常祈求他普降甘霖，以为牺牲得大，神祇才肯施恩，于是，他们竟把活人当作祭品供出。这种杀人之风，在托尔泰克人到来时更是严重。后来的阿兹泰克人更是变本加厉，有增无减。比如，为了庆祝一座大金字塔的建成，他们在 4 天的祭祀仪式中杀了 8 万人！而美洲的金字塔多达上千座，杀人之多就难以计算了。所以把这作为陶蒂华康毁灭的原因之一，也是有一定道理的。

（王奉安）

尼安德特人的神秘失踪

根据达尔文的生物进化论，人类是由猿逐步进化成现代人的。现代人类学的研究表明，这是一个漫长的历史过程，大约经历了近千万年的时间，即经历了早期猿人、晚期猿人、早期智人和晚期智人（也就是现代人）等几个进化阶段，每个进化阶段的古人类之间都有着本质的差异。

在人类最终进化为具有现代人的完整的本质特征的最后阶段之前是早期智人阶段，也称为"古人阶段"。这个阶段的古人类，通常被史学界称为"尼安德特人"。

1856 年 8 月，在位于德国杜塞尔多夫市附近的尼安德特峡谷内，采石工人们无意中在一个山洞里挖出一副古人类骨骼化石。这就是考古界首次发现的古人阶段的人类化石。所以，不仅这副古人类骨骼化石被命名为"尼安德特人"（简称"尼人"），而且，"尼安德特人"后来成为所有古人时代的原始人类的代名词。

从古人阶段的古人类化石首次被发现后，在近半个多世纪的时间里，考古学家相继在遍及欧、亚、北非的许多地方发现了"尼人"的化石。

现在人们已经知道，"尼人"生活在距今一二十万至距今

5万年以前的旧石器时代中期。他们已经完全直立，脑容量已经十分接近现代人；他们真正掌握了人工取火的技术；他们的意识水平也发展到了一个新的高度，已经开始对死者进行埋葬。

大量考古事实表明：具有相同生理特征的尼安德特人分布得极为广泛。他们的足迹遍及欧、亚、非各大洲。

在距今5万多年前，现代人在我们这个星球上出现了。与此同时，尼安德特人却一下子不见了。似乎是在一个相对较短的时间内，所有具备"尼人"特征的古人类从地球上消失了。考古学家在整个欧洲都没有能够找到距今5万年以后的"尼人"化石。

这种情况使历史学和人类学的专家感到困惑。一个物种在地球上被另一个物种取代，都需要足够长的时间。"尼人"只是人类某一进化阶段的代表，在他们后面出现的现代人只是在生理和心理特征上进化到了一个更高级阶段的同类，他们的交替完全应该有并存的历史时期。怎么会出现现代人一登台"尼人"就消失的现象呢？如果说是地球上生态环境的变化迫使"尼人"退出了人类历史舞台，这显然是不合理的，因为尼安德特人和现代人的抗自然能力几乎没有什么差异。于是，科学家们就一直坚持不懈地从其他各个方面的因素中探寻"尼人"突然消失的奥秘。

近半个世纪以来，一些科学家从不同的学科角度着眼，用各种观点对人类进化史上的这个反常现象进行解释。可是，这些解释却又都经不住仔细推敲。

美国科学家采用高科技把"尼人"和现代人，以及人类的近亲生物物种进行了对比分析，提出这样一种观点："尼人"的发声器官和黑猩猩一样，所以，他们没有语言能力，这使他们彼此之间的信息交流受到阻碍，不能适应社会的发展而被淘汰。可是，生物进化本身就是以社会需要为动力的，随着生存的需要，发音器官也会毫不例外地进化。这使上述观点无法站得住脚。况且，根据现代人对世界的认识，现在不仅黑猩猩仍在地球上传宗接代，在非洲还生存着一个根本不会说话的黑人部落。看来语言并不影响人类的繁衍生息，只是影响人类的文明发展程度。

也有人这样推断：是由于严格的群体近亲通婚造成"尼人"的人种退化，使他们后代的质量和数量都急剧下降，在自然界的生存竞争中处于劣势，最终导致灭绝。这是更难说得通的一种观点。远古人类的意识刚刚处于文明的萌芽状态，靠什么形成严格的规范约束，而且统一制约分布广泛、来往十分不便的广大人众？更何况，生物学研究中不难找到例证，生物的繁衍相继进程中，近亲缘繁衍难以避免，而大自然的力量总会使它不至于干扰整个物种的生存，怎么唯独"尼人"会灭绝于这个原因呢？

还有人认为：现代人消灭和同化了"尼人"。但是，十分令人难以想像的是，那时的现代人，除了生理、心理特征上比尼安德特人更高级以外，没有任何其他优于"尼人"的物质条件。他们靠同样的石制武器，在相对较短的时间里消灭分布如此广泛的"尼人"是不可能的，同化也不至于不无

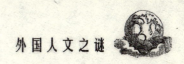

遗漏。

看来种种解释都难以说通。在这种情况下前苏联学者提出了另一种观点："尼人"根本没有灭绝，而是退出了人类文明的进程，返回荒野靠兽性的力量来维持生存。他们的后代就是各个历史时期出现的野人。这种观点同样无法面对"尼人"分布广泛、数量众多，而且曾在人类进化过程中扮演过重要角色的事实，也无法解释为什么再也找不到距今 5 万年后的"尼人"化石的现象。

看来，真有可能是某种类似核爆炸的灾难突然降临在了地球上的所有"尼人"身上。不过现在还没有发现这样的证据。

"尼人"的突然消失仍然是个待解之谜。

（赵立军）

图坦卡蒙的神秘色彩

图坦卡蒙是古埃及第十八王朝时的一位法老。法老，就是古埃及奴隶制王朝的国王。图坦卡蒙是古埃及历史上最年轻的一位法老，又是实际掌管国家大权时间最短的一位法老。而且，他的生前死后都充满了神秘的色彩，这使他在古埃及

的各位法老中显得很特别。

据说，图坦卡蒙不是出身于王族，只是由于他具有绝世之美，所以被他的前任法老埃赫那吞的女儿选作驸马。后来，在公元前1361年，他又继承了埃赫那吞的王位。这一年他才10岁。按古埃及的法典，法老年纪不满18岁，不能独立执掌朝政，所以，图坦卡蒙在位9年，前8年都是与一位前朝老臣共掌国事，其实没有什么实际权力，只是一个象征。第九年他才开始独执朝政，大权在握了。可是，时间不长，在这一年里他突然暴亡，可能还没来得及施展什么宏图大略。对他的死，当时实际控制着军政大权的神庙祭司集团和王室都没有作任何说明，所以，历史文献上就没有载明他的死因。不过，人们都怀疑他是被杀身亡的。

经过了如此漫长的岁月，今天的人们已无法确知他是怎样被杀和为什么被杀，也不能确定凶手是谁。但是，根据有关的历史资料还是不难分析出，图坦卡蒙时代的神庙祭司集团和掌握武装力量的上层贵族代表集团很值得怀疑。

前任法老埃赫那吞，也就是图坦卡蒙的岳父，在位时曾经针对神庙祭司集团操纵国家政治的局面开展了一次宗教改革，使神庙祭司集团的政治地位受到了很大威胁。虽然这次改革最终失败了，可是，那些受冲击的政治势力不会不心有余悸。图坦卡蒙继位之时，老法老的余威还在，图坦卡蒙也表现出赞成宗教改革的态度。可是在埃赫那吞离世后，他就完全采取了迎合神庙祭司集团的政策，完全取消了宗教改革措施。按理说这些政治势力应该对他满意，但是也很有可

能对他不放心，怕他掌牢权力后会重振埃赫那吞法老的事业。

不管推测和事实有多大差距，有一点是比较清楚的："法老死于阴谋"。种种迹象都证明了这一点。

据说：法老死后，年轻的王后给西亚强邻赫梯王国的国王写了一封信，请他选派一位王子来与她成婚，接管朝政。可是赫梯王子在前往埃及的途中被暗杀了。如果真有这件事，那么就很明显了，是一股强有力的政治势力在图谋王位。

据历史记载，王位最后被那个辅政的老臣所得，那王后也不知所终。看来，这个老臣是很值得怀疑的。

图坦卡蒙死后，他的妻子在悲痛欲绝之余，以盛大的仪式厚葬了他，使他极尽哀荣。

可是，随着时间的流逝，图坦卡蒙的陵墓变得神秘难测，百寻不着。古埃及众法老虽然都以陵墓宏伟、壮观而著称，但是，除了图坦卡蒙，几乎再没有别人能躲开陵墓被盗、尸身不宁、到处流浪的命运，这就够奇特的了。

在图坦卡蒙死后 3000 多年的 1922 年 11 月 26 日，英国考古学家在被称为"永恒的寂静"的王墓山谷深处，终于找到了他的陵墓。他的陵墓在古埃及法老陵墓中算不上宏伟，可是，豪华奢侈却能名列榜首。墓内共出土了 1700 多件珍贵的珠宝文物，而墓穴中内容生动、丰富的彩色壁画，更是反映古埃及社会经济、文化等综合信息的无价之宝。它是保存最完整的法老陵墓，在历史和考古研究方面的地位也特别重要。

当人们打开法老豪华的棺椁时，看到了令人叫绝的水晶

石棺，内有 3 个镶金套棺，最里面是一个纯金制成，而且按法老相貌精心雕刻的内棺。打开内棺，人们看到了这样一个事实，法老脸上靠左耳垂的地方有一道致命的伤痕，他的确不是善终。

更令人迷惑不解的是他死后的某种神秘力量。墓内的一切迹象表明，盗墓者已经光顾了他的陵墓，可是，当作案者带着珠宝要离开时，不知为什么都胆怯了，扔下珠宝，逃出陵墓，还重新密封了墓门。在墓穴中有一则铭文："侵扰法老安宁者必遭灭顶之灾。"这显然是为了警示那些挖掘法老陵墓的人。的确，不知为什么，参与这座古墓发掘的考古人员中有 22 人都在不久的时间里猝然而死，而且都难查出死因。

虽然科学家不迷信，可是，敢进入图坦卡蒙墓的仍很少。这一直是学者们不断探索的谜。

（赵立军）

开创两河流域文明的苏美尔人

在亚洲西部的底格里斯河和幼发拉底河之间，是一大片被这两条河流冲击而形成的肥沃平原。这就是被古希腊人称为"美索不达米亚"的西亚古文明发祥地。在希腊语中，

美索不达米亚的意思是"两河之间"。

　　根据现有的历史研究成果表明，人类有记载的 7000 年的文明史，就是从这块土地上开始的。考古工作者在这里发现了人类最早的文字和最早的城市文明。

　　最早的文字和最早的城市文明都是苏美尔人创造的，这

个民族本身就是个谜。人们至今也没有搞清楚，苏美尔人是在什么时间，从什么地方进入美索不达米亚平原的。大量历史资料表明，他们不是这块土地上的土著居民。他们的语言和两河流域的其他民族的语言之间，没有任何关系，既不是印欧语系，也不属塞米语言。他们的外貌特征也完全有别于现代的西亚居民。据史料记载：苏美尔人的外貌特征是圆头颅、直鼻梁，不留须发。而现代西亚居民多是浓发大胡子。有关苏美尔人的这些谜，可能永远也无法搞清了，因为他们毕竟是站在人类文明历史的最前列，离现在很久远了。

苏美尔人在这块土地上创造了灿烂的上古文明。当然，他们是在继承和发扬了两河流域远古文明的基础上取得如此辉煌成就的。

早在公元前 5500 年，苏美尔人的社会中就出现了阶级分化。到了公元前 3000 年左右，在苏美尔人生活的地方已经出现许多城市国家。他们的建筑业已经很发达。还创造了楔形文字。

可是，苏美尔人城市国家到底出现在什么时候，又成了人类文明史上的一个谜。虽然通过文物考古证明，苏美尔城市国家是出现在公元前 3000 年左右，但是在苏美尔人传喻后世的著名古代文献《苏美尔王表》中，有这样的记载："早在27 万多年前，王权自天下降埃利都城（今名"阿希沙赫连"，是苏美尔的早期城市）之后，苏美尔国家就形成了。"这种说法听起来是太玄了！按现在的人类发展史的观点：距今 5 万年前，人类还没有完全进化成现代人，意识活动才刚刚起步。

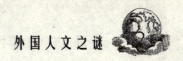

27万年以前的地球上还只有猿人存在，那时怎么会有人类高级思维长期活动的结晶——管理的集中体现的国家出现？这太不可思议，简直就是神话。

但是，请不要忘记，人类发展史的观点是人类对自身发展在某一阶段上的认识的产物。完全有这样的可能，我们现在对世界的许多看法不是完全正确的。大量在历史研究中出现的反常现象表明：我们这个星球上，在我们这个文明阶段之前，可能曾经多次出现过发达的人类文明。在美索不达米亚平原，外来的苏美尔人就能首先创造出文字和率先进入城市文明。这本身就是个奇迹，其中也充满着令人难以解释的东西。为什么就不会是这样：苏美尔人就是前一个阶段人类文明的传继者，是毁灭性灾难的幸存者。尽管他们重新由原始起步重建文明，但是他们之中有的人可能还牢记着他们失去了的文明社会。这样，他们的社会就有可能发展迅速。而在他们的历史文献中，记下他们祖先的影响也就再正常不过了。当然，这也仅仅是猜测，是"也许"和"可能"。

不过，从人类对自身文明的进程的认识发展过程中，不难看出，正是不断地证明了"也许"和"可能"，人类的文明史才被一次又一次推向更早的时间起点。所以，青少年朋友们，不要忽视这偶尔露出的神秘色彩，锲而不舍地探究它，你也可能成为人类文明史上重大事件的发现者，甚至成为改写历史的人。

一万个奥秘一千个谜

（赵立军）

神奇的撒哈拉史前壁画

非洲的撒哈拉大沙漠，纵横于大西洋沿岸直到尼罗河畔的广大北非地区，漫天流沙和无边无际的沙丘砾漠就是今天这里的风景写照。常年干旱少雨的气候笼罩着这片大地，有的地区甚至一连几年都不下一滴雨，这就使撒哈拉大沙漠炎热无比，最高温度接近 60℃。在这里，你今天只能看到一片片黄沙和龟裂的土地，植物生长是很罕见的。你决不会因此联想，这里曾经是土肥水美的绿洲。可是，这却是千真万确的，距今 3000 多年前，这里的确曾是一片绿洲。

德国青年探险家巴尔斯首先揭开了这个秘密。19 世纪中叶，他意外地在阿尔及利亚东部的恩阿哲尔高原地区发现了几处古文化遗址。其中最引人注目的是巨大的岩石壁画。

在这些壁画中一再出现的水牛形象引起了他的注意。此后，他在撒哈拉的其他沙漠地带也发现了以水牛为题材的壁画。巴尔斯产生了这样的想法："水牛形象在壁画中出现，说明这里曾经有过适合水牛生存的自然环境。画有水牛的壁画如此广泛地分布在撒哈拉各地，说明整个撒哈拉在某一个历史时间段里曾经是适合游牧的生态环境，并且一定有游牧民族在此生存居住过。"在他的进一步考察中，又发现了许多刻有犀牛、河马等水中动物形象的岩石壁画。在这些史前壁画中，唯独不见以"沙漠之舟"著称的骆驼！于是，巴尔斯根据自己的考察结果，提出了一个新的观点："撒哈拉在远古时代是绿色的，是肥美的绿洲。"

考古学家们普遍地接受了他这个观点，还采用了他把撒哈拉地区分为前骆驼期和后骆驼期的历史分段方法。

现在，撒哈拉已有 100 多处史前文明的村落遗址和近万件壁画作品被人们发现。这些珍贵文物揭示了撒哈拉的绿洲时代代和这里曾产生、繁衍过的史前文化奇观。

现在，历史考古学界已经认定，撒哈拉的史前文明是非洲土著黑人创造的。他们生存的社会处于新石器时代晚期，经历了母系社会向父系社会转化的历史阶段。他们的主要生存手段是狩猎、放牧和征战。在他们社会的后期阶段，已经出现了贫富差别和等级划分，还出现了原始的宗教信仰和图腾崇拜。

各个不同历史时期的壁画，为我们提供了撒哈拉地区生态环境演变的大致时间进程。

公元前 5400～前 3000 年，这里曾是一片肥美的绿洲。而公元前 3000 年以后，水牛、河马和犀牛等水中动物形象逐渐从壁画中消失了，这说明这一地区的水资源逐渐减少，生态环境逐步恶化了。在公元前 200 年左右绘制的壁画中，骆驼的形象出现了。显然，在此之前的某一段时间里，沙漠已经代替了绿洲。

从这些不同历史时期创作的重叠刻画在比较集中的岩壁上的壁画，不难看出：一直生存在这块土地上的是一个古老

的民族。这里没有发生过民族的更迭。

现在人们无法回答的问题是：撒哈拉是怎样变成沙漠呢？这块土地上的史前文明的衰落和消失是不是直接和生态环境的变化相关？因为人们在沙漠中考古也是十分困难的。

撒哈拉的史前壁画本身也有一些令人难以理解的谜。这些壁画的大部分是用恩阿哲尔高原盛产的赭石色页岩研磨的颜料绘制的。岩洞中还发现过用页岩制作的调色板和残留的赭石颜料、小石砚和磨石等调色工具。壁画上的五颜六色，历经数千年的风雨剥蚀丝毫不褪色，这十分令人着迷。一些壁画的内容和技法也使人吃惊。有一幅被学者称为"伟大的火星神"的人物岩画，它的表现手法和人物外形都与法国现代的抽象派绘画大师毕加索的作品十分相似。人们难以理解远古时代撒哈拉地区的绘画大师们为什么会用这种变形的艺术手法作画，它到底象征着什么。

看来，撒哈拉壁画虽然揭示了历史，也同时带给我们许多待解之谜。

(赵立军)

克里特文明之谜

在亚瑟·伊文思之前，人们只是从古希腊神话中知道克里特王米诺斯是主神宙斯和腓尼基王阿革诺尔之女欧罗巴的

儿子，是神话中的魔王。

这位英国学者持之以恒而且卓有成效的工作，使米诺斯由神变成了人。他更为我们揭示了欧洲大陆上目前发现的最古老的文明——克里特文明，它比古希腊和古罗马文明早2000多年，而且是通过神话传说对后来的欧洲文明起根本性影响的史前文明。

在20世纪初，伊文思和他的助手们经过艰苦的努力，终于在爱琴海的克里特岛上的克诺索斯地区，挖掘出一片宏大的古建筑群遗址。经多方考证，这是一座王宫建筑的遗址。它的规模、结构、布局都和传说中的米诺斯王宫隐隐相符。从此，人们开始相信米诺斯王朝是历史的客观存在而不仅仅是传说。在此后近1个世纪的时间里，又相继有多处古文明遗址在克里特岛上被发掘出来。克里特古文明的全貌越来越清晰地展示在人们面前。

大量文物发现表明，早在公元前1万年左右，克里特岛上就已经有人居住了。在公元前2600年左右，岛上就进入了青铜文化的鼎盛时期。从此开始的就是长达1400多年的米诺斯文化时期，在此历史阶段，克里特国势日强。公元前17到前14世纪，米诺斯王朝统治下的克里特岛已经逐渐成为爱琴海域的政治、文化中心。现在已发现的克里特文明遗迹闪现出令现代人也大为惊叹的奇光异彩。

在克诺索斯的王宫遗址，人们可以看到一个1400多平方米的长方形庭院，周围合理地分布着国王宫殿、王后寝室、王族居室以及包括有客厅、祭祀室、贮藏室、火药库在内的

各种楼宇，共有大小宫室 1700 多间。一条长廊、复道和重门，将整座建筑连接起来。多级石造楼梯又使楼上楼下得以畅通，而且宏伟、壮观。各宫室内都装饰着瑰丽多姿的壁画，内容是明显的写实，多数反映米诺斯王朝的日常生活，很少有宗教和神话色彩的主题。这些壁画成为人们了解米诺斯文化的极富魅力的窗口。

现在人们已经知道，克里特文明是独立起源的，它具有不同于其他人类文明的特色，是希腊古老的土著居民拉斯基人创造了这一文明，但现在已无法准确判断他们和世界上其他民族之间的血缘关系。只有一点可以肯定，他们不属于印欧语系。早在公元前 1800 年以前，他们就有了自己独特的线性文字，史学界称之为"线性文字 A"。这是一种至今仍然没有被破译的古代文字，大量用这种文字书写的克里特泥版文书还不能被译读。可是，有足够的证据表明，后来出现于这一地区的迈锡尼文明和古代希腊文明都深受克里特文明的影响。

在公元前 1400 年左右，处于鼎盛时期的米诺斯文化，乃至整个克里特文明都突然地消失了。这使人感到不可理解。

在近 1 个世纪的时间里，专家、学者们一直围绕着这一现象进行探索。

一度有一种解释认为：讲印欧语的希腊迈锡尼人进入了爱琴海域。他们在公元前 1400 年取代了克里特的霸主地位，并且消灭了米诺斯王朝。这种观点没能被史学界接受。大量史料表明，在这个历史时期，印欧语系的希腊人无论从文明

一万个奥秘一千个谜

程度还是力量对比上都无法与克里特人相比。而且大量考古发现，没有任何能证明曾发生外来力量征服克里特人的战争的证据。在克里特文明之后兴起的迈锡尼文明不仅和前者的消亡之间隔了几十年，而且是兴盛在两个不同的岛屿上。

现在，大多数学者都认为是巨大的自然灾害摧毁了克里特文明：有人认为是发生了剧烈的地震和海啸；也有人认为是发生了强烈的火山喷发。他们都在历史研究中找到了一些能证明自己观点的蛛丝马迹。不过，直到今天史学界对克里特文明究竟毁于什么原因尚无定论，连克里特人的起源等等没有答案的谜，都留给了人类文化研究的后继者。

克里特线性文字的破译，可能会给解开克里特文化的许多谜带来福音。

（赵立军）

图尔卡纳荒原上的石柱之谜

在非洲肯尼亚共和国北部，有一片广阔的荒原，叫"图尔卡纳"荒原，在荒原上屹立着19根石柱。这些石柱之间的间隙很小，一般距离不超过1米。每根石柱的长短和大小各不相同，均向北倾斜，与地平面形成的角度也各不相同。石

柱上刻有许多古怪的花纹和图案，包括鳄鱼、毒蛇的形象，和许许多多很像字母"E"的图案。

当地图尔卡纳人中，有那么一个古老的传说：在很久很久以前，有19个人因触犯了天律，受到天神的惩罚，天神让他们19个人变成19根石柱，永远站立在荒原上，仰望天空，思悔认罪，祈求天神的怜悯和恩赐。因此，图尔卡纳人称这些石柱为"纳穆拉图恩加"，意即"变成石头的人"。

很久以来，这19根石柱都没有引起人们的注意，直到1975年才引起考古学家的极大兴趣和高度重视。经过科学家们调查、研究，他们认为：这19根石柱是古人特意建造的一座石头天文台。石柱之间连结成的几何线可以确定天空中一些星座的位置。其中有两根石柱是观察天空中星座的基本石柱，观察者站在它们的背后，就能经过其他石柱的顶端划出一条条线指明星座出现的空间位置，以及这些星座在天空中移动的踪迹。科学家们确认，用这种简陋的"设备"，观察星座变化相当精确。

科学家用放射性碳分析测定，证实此天文台已有2285年左右的历史了。这也就是说，这些石柱是公元前300年左右竖立起来的。令人们不解的是，在2000多年前，当地人怎么就懂得应用这种方法观察天体呢？此外，石柱上所刻的花纹图案是什么意思，考古学家们绞尽脑汁也不得其解。比如石柱上的许多"E"代表什么？

这些问题，至今还是待揭之谜。

（刘宜学）

"通天塔"——巴比伦人神奇的创造

"通天塔"和"空中花园"都名列世界古代七大建筑奇迹的榜上。它们都是远古时代生活在两河流域的巴比伦人的智慧结晶。

巴比伦人在苏美尔人、亚述人之后，成为西亚美索不达米亚平原上的统治者。他们在两河流域灿烂的古代文明的形成和发展过程中，作出了巨大的、影响深远的贡献。

在公元前 1894 至前 1595 年期间统治美索不达米亚的古巴比伦第一王朝的汉谟拉比国王，英明盖世，他编制的著名的《汉谟拉比法典》，是世界上最早的、比较系统和严整的一部法律文献。

而闻名遐迩的"通天塔"和与它齐名的"空中花园"，都是建立于公元前 7 世纪的新巴比伦王国时期杰出君主尼布甲尼撒二世的"纪念碑"。尼布甲尼撒在对外征讨、开疆拓土和对内重振国力、繁荣经济上的业绩，丝毫不比他的先祖汉谟拉比差。在包括《圣经》在内的古代历史文献中，随处可见对他的"丰功伟绩"的描述。

"通天塔"和"空中花园"也和其他古代建筑奇迹的遭遇一样，没有能够保存到今天。在公元前 539 年，波斯人攻占

一万个奥秘一千个谜

巴比伦王国以后，这些古建筑被搁置一边，没有人管理，荒废日久，竟然遭到彻底的毁坏。公元前331年，亚历山大大帝率军攻陷巴比伦古城时，"通天塔"已是一片废墟，就连试图重建它的亚历山大大帝也望难止步。现在人们只能到"通天塔"遗址，在那曾支起过巨大、沉重的"通天塔"塔身的方形地基上抒怀古之情。

但是人们通过欧、亚传世的各种历史文献，仍然能领略到这些古建筑的风格神韵。

"通天塔"是古巴比伦城中最高的建筑物。它高达98米，分为7层，塔顶有鎏金小神庙1座；塔基为正方形，每边的长度正好是98米。通向塔顶神庙的阶梯最有特色，是一条环塔而上的螺旋形通道，中间设有座位供神者歇息。"通天塔"建在城中直通马路克神庙的中央大道上，显得更加宏伟而神圣。

它是在古巴比伦王国时期兴建的，经过近千年的战乱，早就被摧毁了。新巴比伦王国建立后，尼布甲尼撒二世的父亲主持了重建工作，但是，只建了15米。后来的大部分工程都是由尼布甲尼撒二世亲自督办完成的。据说，建造这座巨塔，光是砖就用了6000万块。

人们不仅为"通天塔"的宏伟、精美而感叹，而且还在进一步研究，巴比伦人为什么要修建"通天塔"呢？人们一直研究了近2000年。

有人认为：这座高耸入云、远近闻名的"通天塔"是尼布甲尼撒二世借神的形象来彰显他本人的荣耀与尊严的建筑。

19世纪的考古学家曾在巴比伦城遗址中散存的许多砖片上发现普遍刻着"尼布甲尼撒,巴比伦的国王、众神的保护者、那披帕拉沙的儿子、巴比伦之君"的字样。这为这种看法提供了证据。

有的学者认为:修建"通天塔"是尼布甲尼撒二世表示对巴比伦神庙祭司集团的尊重,以赢得他们对王室政策的支持。"通天塔"与代表众神神主马路克的神庙建筑物前后相继,显得无比的威严与神圣,表达了君主对神的尊崇。而且,根据历史记载,在尼布甲尼撒二世执政时,富有社会影响的神庙祭司集团是完全听命于他的。这在巴比伦新、旧王国历史上是绝无仅有的。

也有人从政治以外的原因寻找巴比伦人修建"通天塔"的目的。

古希腊史学家狄奥多勒斯认为:美索不达米亚人的天文知识丰富,懂得复杂、精确的计算,因此,巴比伦"通天塔"是一个天文观测台。为了观天才修得那么高,许多现代学者赞同这种看法。

看来,巴比伦人可能是出自多种原因才修建"通天塔"的。到底是为什么,还有待于找到历史实证才能作出准确的解释。

(赵立军)

"地下世界"之谜

据说在地球上存在着一个神秘的"地下世界",那里是由无数纵横交错、迂回曲折、彼此相通的地下长廊和隧道连接着一个个神秘的洞穴组成,其中蕴藏着古代文明的秘密和无尽的宝藏。

这个听起来玄乎的传说吸引着许多具有高层次智慧的人们。长期以来,许多造诣高深的科学家和叱咤风云的政治家都热衷于寻找"地下世界"。

人们最早发现"地下世界"存在的踪迹,是在西伯利亚东北部的契尔斯基山脉附近地区。在那里人们发现了许多联接成网的地下回廊。最初人们还以为那是些天然洞穴,后来,经过多次考察后,在洞中不少段落都发现了明显的人工开凿的痕迹。这些地方的洞壁四面互相垂直而且平坦,很像是用规范化且定向相当精确的机械切削着掘进的。而在那时,决不会有这样的机械。就是今天切削掘进的机械设备也只是用在和煤一样松脆结构的地质采矿中,还没能够在隧道施工中使用。人们还发现这些互通成网的地下回廊伸向很远的地方。迷宫似的结构使人们无法找到它的尽头。

20世纪初,人们又在阿塞拜疆境内发现了地下长廊。一

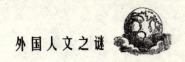

些科学家经过调查后判明，这些长廊仅仅是整个高加索地区地下长廊的出口部分。在这些地下长廊里，人们看到了一些高达20多米的地下大厅。大厅的壁面光滑，和各通道间有很狭窄的拱型门相通。

俄国地理学家在1916年也写报告说：阿尔泰山区也有一些地下长廊，从蒙古南部一直延伸向戈壁沙漠。

这些发现使"地下世界"变得很现实，这些地下长廊很可能就是"地下世界"的一部分。关注它的人越来越多。英国、美国、西班牙和南美的秘鲁等国家都纷纷派出自己的考察队，寻找"地下世界"。没用多长时间，他们相继在尼罗河流域、南美的许多地方发现了大量首尾相接、支岔纵横的地下长廊。而且不约而同地在这些长廊中发现了人工开凿的痕迹，这使众多探索者备受鼓舞，更加确信"地下世界"的存在。他们这样推测："这个'地下世界'是一个相互联通并且通过大西洋底，贯通欧、亚、美洲和非洲大陆的环球地下洞穴网。它是大西洲人的杰作。"一些人还进一步推测说："当年大西洲沉没时，一部分大西洲人经过地下长廊逃往了美洲和非洲，成了史前文明的传播者。"虽然这些都是推测，可是也很吸引人。

第二次世界大战以前，美国科学家德威特·拉姆率领的考察队又有了意外的发现。

一天，拉姆和他的队员们行进在墨西哥恰帕斯州的密林深处。突然，一群土人挡在了他们的前面，并把他们包围起来。这些土人很像印第安人，只是个子较矮，皮肤较白。他们剑拔

一万个奥秘一千个谜

弩张，狂喊乱叫，示意考察队员们退回去，不准再前进。经过考察队的印第安向导与他们对话沟通，拉姆他们才知道这些土人是古玛雅人的后裔拉坎顿人。他们遵循祖训，世世代代守护在这里。这儿是圣地，是玛雅神殿和地下长廊入口所在地，决不准外人进入。虽然拉姆和他的考察队避险而退，可是，他们的遭遇，却使人们增加了寻找"地下世界"的热情。

立刻有许多国家的考察队蜂拥到墨西哥的恰帕斯。可是，除了又发现新的地下长廊以外，还是没有人找到什么有价值的文物和财宝。

第二次世界大战爆发，使人们的一切计划都打破了，可是，寻找"地下世界"的活动反倒随着战争的进程不断增多。

法西斯魁首希特勒调集了大量人力和物力寻找"地下世界"的宝藏。他派往亚洲的考察队找到了一本梵文古书。书中记载了"地下世界"，还提到古代有一种名叫"众神之车"的运输工具，可以在地道里悬空穿行。希特勒曾组织人秘密仿制"众神之车"，意在用它搜索浩瀚的地下长廊，找出宝藏。可惜直到战争失败，他也未能得逞。

战争中，罗斯福总统也赋命于德威特·拉姆，让他再组织人力寻找"地下世界"中的宝藏。美、德考察队还曾经激烈角逐，刀枪相见，但是，美国人也没能找到它。

"地下世界"是不是真的存在？在被发现的地下长廊深处真有迷人的财富和解开人类历史许多秘密的钥匙？这至今仍是一个谜。

（赵立军）

欧洲洞穴壁画之谜

　　人类艺术创造的历史几乎和人类的文明史一样长。在人类没有文字的漫长岁月里，绘画、雕刻等艺术行为也许是史前人类向后代传递信息的最好方式。他们留给后世最多的东西是艺术品。欧洲的洞穴壁画就是整个人类艺术宝库中十分贵重的一部分。

　　这里说的洞穴壁画，指的是三四万年以前，生活在欧洲大陆上的原始人类——克鲁马农人的传世之作。因为它们都是刻画在克鲁马农人居住过的洞穴的石壁上，所以被称做"洞穴壁画"。它们都是极富艺术感染力的绘画作品。

　　最早发现的洞穴壁画，是位于西班牙北部桑坦德市近郊约 30 千米处的阿尔塔米拉洞穴壁画。在这个岩洞长 18 米、宽 9 米的入口处的岩壁上，集中刻画着一些形象逼真、形态各异的史前野生动物。画面着色浓重，多用红、黑、紫等颜色，画中有野马、野猪、赤鹿、山羊、野牛和猛犸象。它们或者躺卧休息，或者撒欢奔跃；有的昂首翘尾，有的追逐角斗。这一幅幅富有表现力和浮雕感的独立画面栩栩如生、千姿百态，达到了史前艺术的高峰。

　　距现在年代最远的洞穴壁画要数后来在法国发现的拉斯科洞穴壁画。这个长达数百米的岩洞中，到处是五彩缤纷、

绚丽夺目的壁画。一组马、鹿、野牛的群像，大小相间可以乱真。画面配色和谐、光泽犹存。洞顶的一幅壁画画着一匹带孕的奔马最令人叫绝。画中的奔马形象完美，肩部有一斜痕，像是猎人的长矛。据考证，拉斯科洞穴壁画要比阿尔塔米拉洞穴壁画早 5000 到 1 万年。

人们还在西班牙和法国的其他地方发现了不少具有同样风格的洞穴壁画。虽然它们有规模大小之分，但是都具有同样的艺术感染力。

不知是不是巧合，所有这些史前人类的艺术遗迹都是孩子们首先发现的。

这些史前人类的绘画作品，带给今天的人类什么信息呢？史前人类为什么创造了这些珍贵的艺术作品？今天的人们已经无法确切地回答这些问题了，它们都成了难解之谜。不过，综合全面地观察、推测，倒也有可能找到接近真实的解答。

有很多学者认为，这些图画不是为了艺术追求而创作的，而是为了向后代传递有关各种动物的习性和捕获它们的手段的信息。他们指出：这些壁画无一例外，画的都是当时可供人们捕获和食用的动物。画中生动地表现它们的各种动、静形态，使人能联想到原始人悄悄地接近、追杀和捕获它们的狩猎过程。而且，许多洞穴壁画中动物形象的位置安排很讲究。洞穴中央画的是野牛、野马；它们的外圈是野鹿、猛犸象和大角山羊；而犀牛、狮子、熊都在洞穴的最深处。这种次序是和人类与这些动物关系远、近相对应的，是在告诉人们狩猎的重点与范围。

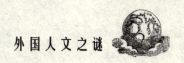

　　有人不同意这种观点。他们指出：这些壁画都不是刻在裸露的山崖，而是集中在幽暗的洞穴。这说明作画的目的不是为了昭示别人，而是另有神秘的原因。他们提出了新的观点：洞穴壁画是为了巫术的目的而作。一种虔诚的祈求和强烈的信仰力量，更能驱使原始人利用简陋的工具在坚硬的岩壁上艰苦地凿刻作画。刻画动物是为了祈求狩猎的胜利。在岩洞中，有的石壁被一画再画，全然不顾线条的重叠，而周围的岩壁却是空白的。这很可能是第一次绘画产生了巫术效果后，迷信的力量驱使人们反复地利用这块石壁。

　　也有人浪漫地认为：洞穴壁画既不是说教，也没有巫术的含义，就是原始人类显露其情感和审美意识的艺术创造。因为这些洞穴壁画都以生动、逼真的艺术震撼着每一个看到它们的人。

　　每一个看到洞穴壁画的人都可以从自己的感受出发去分析作者的真意，而无数不同的认识将推动着人们接近真实。

（赵立军）

寻找神秘的大西洲

　　人类各民族的祖先，几乎都用神话传说将其史前文明传喻后世。古希腊、古埃及和我们中国，以及其他的文明古国

的考古发现和历史研究都证明了这一点。所以现代的历史研究人员都十分重视各种史前传说提供的人类文明信息。对消失的"大西洲"的探寻，就是一种具体的表现。

传说中的大西洲，是一个在人类尚处于蒙昧时期，就已经有了高度发达的人类文明的神秘世界。

古希腊著名学者柏拉图比较完整地为我们描述过这个神奇的地方。他在《克里齐》和《齐麦亚》中告诉我们：在1.2万多年以前，有一座阿特兰西岛，岛上分布着10个国家。面积最大的国家的皇帝名叫"大西"，后人便以他的名字称呼这块土地为"大西洲"。在这片土地上，有着发达的人类文明。岛上的人们通晓天文、数学、水利灌溉和冶金术。大西皇帝曾经率领他的军队征服过埃及和北非地区，也攻打过希腊，后来退回了大西洲。在公元前1万年左右，突然发生的地震和海啸使"大西洲"在一昼夜间消失在大海之中。

柏拉图还写明：这个故事是他爷爷从上辈人那儿听说的。为了证明这件事的真实性，柏拉图曾经亲自去埃及，向学问最高的僧侣请教。僧侣的回答肯定了这件事的真实性。

长期以来，科学家们一直在寻找大西洲的遗迹。在漫长的岁月里，他们在各个不同国家、不同民族的不同历史时期的文献中，都忽隐忽现地发现了大西洲的影子。这使学者们相信这块神秘的大陆确实存在过，它很可能和世界上许多神秘的人类文明现象有某种联系。

可是长期以来，对大西洲究竟沉没在什么地方，各国学者一直争论不休。

相当长的一段时间里，前苏联和东欧的学者们坚持认为大西洲是沉没在黑海海域。他们认为：希腊神话中诸神的世界就是对大西洲的描写，而神话中的字里行间都牵扯着黑海海域的高加索地区。他们还在黑海海岸附近找到了沉在海底的城市。

但是，大多数学者都认为：大西洲是在大西洋东侧的直布罗陀海峡的对面。它就沉没在那个地方。

今天，在经过近 1 个世纪的论争之后，大量有价值的发现给它下了结论：大西洲很可能是在大西洋底。黑海海岸附近海底的城市是别的遭遇灾难的人类文明的遗址。

人们在大西洋的水中，发现了比埃及大金字塔还要雄伟高大的海底金字塔，规模宏大的建筑群，还有工程量巨大的海底石头道路。

挪威两位水手在"魔鬼之角"海区下面，拍摄到了一组珍贵的照片。上面有平原、纵横的大道、街衢、圆顶房屋、角斗场、寺院、河床……他们说："绝对不要怀疑，我们发现的就是大西洲！它和柏拉图描写的一模一样！"只可惜，他们无法取得一些实物证据。

在世界奥秘百年研究大会上，美国学者放映了他们在大西洋底拍摄的幻灯片，幕布上出现了用方石块砌成的海底城墙、宽阔的石头大道……

这些发现不仅使人们更加相信大西洲的传说，也更想早日揭开其中的奥秘。只是很可惜，人类现在还不能在海中随心所欲地来去无阻，深海潜水作业量是有极限的，现在还不具备探查大西洋底的技术。所以，要想获得有关大西洋底秘

密的实物资料，还要寄希望于科学技术的飞速发展。

（赵立军）

古罗马城市中的谜

在古罗马文化的发祥地，有两座被视为古罗马文化的"化石"的古城，它们就是庞贝城和埃尔科拉诺古城。它们完整地保留了古罗马文化的所有特征。没有在岁月的流逝中产生任何变化。因为它们在古罗马时代就被突然地深埋地下，没有任何人能有时间对它们进行改造或者粉饰。

公元 79 年 8 月 24 日下午，世界著名的维苏威火山突然猛烈喷发，顷刻之间就把山脚下的埃尔科拉诺城吞没了。随即，厄运也降到了距它 7 千米处的庞贝城。仅过了 10 多个小时，庞贝城就被埋没在约 22 米深的黑色岩浆下面，连大海也被填平了许多。随着日转星移，人们逐渐忘却了这两座有着几百年历史的罗马古城。直到 17 世纪，这两座古城遗址相继被人意外地发现，它们才又回到人们的记忆中。

发掘工作表明：庞贝城是被火山灰所埋，所以城市建筑、工艺品和各种生活遗迹保存完好，因而成为一部较完整地反映古罗马文明的"历史书"。而埃尔科拉诺城则是被熔岩密封，在被发现后的 100 多年里，由于施工技术水平所限，没能够完全被发掘出来。这使它从 1709 年被发现后就让盗宝者不停地破坏中解脱出来，并得到保存。1927 年在各种机动工具问世后，由意大利政府组织，重新对这座古城进行挖掘，使它的风貌逐渐地显露给世人。非常万幸，埃尔科拉诺古城中的建筑和各种设施也被火山灰所充填，所以，尽管外部被熔岩包围，但有很多当时的建筑和设施被保存了下来。现在已经挖掘出的 4 个街区，有石头街、古罗马广场、法庭的大会堂和竞技场的一半，使参观者仿佛置身于古罗马时代。保留下来的建筑物中，门窗可以随意开关，青铜汲水机依旧运转自如，在一个小床边的盘子里还放着一块鸡大腿，化妆品和首饰都完好无损。放在作坊工作台上没有雕琢完的美玉，放在作坊中等待修理的青铜烛台，还有面包房烤炉上放着的 80 块面包……这都使人直接地感受到了古罗马的城市文明生活。和庞贝城一样，埃尔科拉诺有许多令人惊叹不已的"现代"设施：铅管或赤陶管把水从山上引到公共喷泉和马槽，引入厨房和盥洗室；公共澡堂设有通风室、装潢精美的化妆室、健身室、蒸气浴室，浴池可保持热、温、冷 3 种不同的水温，而且都是用多种色彩的大理石镶嵌而成。可是，从这座古城被发现，直到 1980 年的 200 多年里，人们没有在城中找到任何一具居民的尸体，好像在灾难到来之前，古城已空无一人。难道埃尔科拉诺的居民预知了灾难将会发生，全部转移了？可是如果这样的话，为什么不通知近在咫尺的庞贝城的同胞呢？这种难以解释的情况成了缠绕史学界 200 多年的谜。

1980年，工人们在安装地下水泵时，发现了躺在古海滩上的2具尸体，他们身边还有1艘打翻的船。埃尔科拉诺无人之说开始被打破。接着，在1982年考古学家大面积清理海滩时，人们又发现了13具骸骨。同一年，人们用挖掘机挖通了海堤下面堵着岩石的3处石头拱门，又发现了140具尸体。而且，由于火山岩的密封和地下水的渗透，使这些尸体完好无损，使现代人能直观地了解到以前无人知晓的事情。古罗马男人一般身高是1.70米，女子1.55米，他们大多营养充足，肌肉发达，身体健壮。

埃尔科拉诺古城的大部分还埋在火山岩下，发掘工作还在继续。随着教堂、剧院、商店和大批住宅的再现，可能还会找到其他失踪的人。到那时，人们可能才会搞清为什么在已发掘的城区大部分地方都没有找到人。是他们在灾难临头时，逃到了城市的某一地方，还是什么偶然因素使他们在灾难前恰好离开了自己的家？全世界都在瞩目埃尔科拉诺正在进行的发掘工作。

（赵立军）

特洛伊古城探秘

凡是读过荷马史诗的人，都会深刻感受到故事中映射出来的远古希腊文明。同时，始终环绕故事中心的特洛伊古城

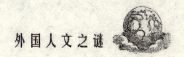

也会深深地留在人们的记忆中。在回味希腊部落英雄的史诗般业绩的同时，人们也不会忘记，特洛伊之战历经 10 年后的最终结局是特洛伊国破城毁。荷马史诗作为历史、文学的不朽之作一直对欧洲文明产生着巨大的影响，而且人们也一直在探寻荷马史诗的真实性。特洛伊城在哪里？它真的存在过吗？

根据有关史料记载，在距离特洛伊战争 500 多年以后，重新从原始社会起步重建古希腊文明的希腊人，曾经在他们认定的特洛伊城原址上重建了一座名为"伊利昂"的新城市。公元前 480 年波斯国王为了同希腊人作战，曾经到这里为智慧女神雅典娜举行过百牲大祭。公元前 330 在亚历山大大帝远征波斯之前，也在这里早拜祈过女神雅典娜。但是到了公元初年，罗马执政官龙利乌斯·恺撒来这里凭吊他的祖先埃涅阿斯出生地时，这里已经是一片荒芜。罗马时代开始，又在这里建了一座新城。它兴隆繁华了几百年后，又被地震摧毁了。从此，特洛伊这块地方就慢慢被人遗忘了。后来人们甚至都不相信在地球上还有过这个城市。

19 世纪中叶，一位立志要解开这个千古之谜的德国人海因利希·施利曼，放弃了他作为大富翁的优裕生活，执著地寻找这座千古名城的遗迹。虽然历经千辛万苦，但功夫不负有心人，他终于在位于安纳托利亚西北角、濒临达达尼尔海峡入海口的希萨尔利克山中找到了特洛伊古城。他在这片古文明遗址中，发掘出一个大的赤铜容器，里面满满地装着稀世珍宝。金戒指、金发夹和金制酒杯、花瓶都是数以千计，

总共有近万件珠宝。其中一顶玲珑奇巧的纯金头饰最令人叫绝，它是由1.6万件小金板用金箔缀连而成的，还有两条垂及肩头的发辫和头环组成头饰，真正称得上奇珍异宝。

他们的重大发现引起了全世界的轰动，也在学术界争论了许久。有的人认同他们的发现，也有人否认这是特洛伊的遗迹。今天，真相已经大白，这里就是特洛伊古城遗址。经过近1个世纪的挖掘，现在特洛伊城的全貌已展现给世人。在深达30米的地层中，已经发掘出了从公元前3000到公元400年间，分属9个不同历史时期的特洛伊古城遗址。这已经充分证明：特洛伊文化不仅是真实的历史，而且源远流长。在这里人们能从公元400年左右罗马帝国时代的古城遗址中看到当年气势雄伟的雅典娜神庙遗迹，还有议事厅、市场、剧场的遗址。

最令人激动的是：使用科学方法鉴定出的公元前1300至前900年间的特洛伊古城遗址，显示出它是被彻底地烧毁了的。这证明了荷马史诗对历史的准确描述。人们在这里可以看到残败的石墙厚约5米，在里面还发现了大量造型朴素、绘有几何图形的彩陶和其他生活用品。施利曼发现的文物都出自这个遗址。据说他们发现的那个盛珍宝的容器就是特洛伊国王普里阿莫斯的宝库，那个精美绝伦的头饰是绝代美人海伦曾经戴过的。

特洛伊古城已经彰显于天下了，可是，还有很多历史秘密没有被揭破。在这里出土了大量不同形式的古代文献，里面很可能蕴藏着更多能揭示古代文明的秘密信息。可惜，特

一万个奥秘一千个谜

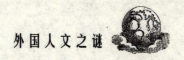

洛伊文字至今还没有被破译。同时，特洛伊人的民族起源和这一古老民族一样，也是一个谜。

（赵立军）

古印加人有没有文字

印加文明是杰出的古代印第安文明之一。16世纪，西班牙殖民者打开了印加帝国的大门。此后几个世纪里，欧洲殖民者对古印加文化遗产进行了海盗式的掠夺，使今天的人们再也无法看到当年印加人创造出来的繁荣、发达的印加文化。当然，人们仍能从库斯科古城的印加太阳神庙古建筑群遗址、贯通全国的石砌大道和精美的金、银制品，以及马丘比丘古城和萨古萨伊瓦曼要塞等等古文明遗迹中感受到它的力量。在太阳神庙中，人们看到这些建筑都由一块块精心选择而又雕凿平整的石料叠砌而成，每块石料重达几十吨，甚至上百吨。对缝之间不加任何粘结物，却严密得连利刃也插不进去。而这个建筑群中著名的"黄金园林"，据说当年是用黄金镂刻了精致的花木虫鱼组成的。它们可以乱真，西班牙人闯进来时，还信以为真地去摘枝头上的鲜花呢。只可惜，现在已没人能看到这幅奇景了，这些美丽神奇的黄金制品已不知去向。

历史研究表明：印加王国是一个有近 200 年历史的组织严密、管理有方、繁荣强盛的国家，有着发达的建筑业、金属制造业和农业文明。国破之时，正是他们国力鼎盛时期。同时，历史研究也带给我们一个难以置信的情况：印加人没有文字。至少，研究古印加文明史的人们还一直没有发现他们的文字。

这可能吗？印加王国广阔疆域的管理，大规模工程的组织和指挥，需要互通情况，怎么会没有文字？人们的分析和考古发现不相容，印加人有无文字就无法定论。

许多学者相信同一种观点：印加人确实没有文字，但是，他们用自己的方法向后人传喻信息和保存信息。他们的方法就是"结绳记事"，就是利用不同颜色的绳结，表示不同的含义，把信息凝固在绳子上。

1981 年 1 月，在利马省的拉斯帕村，人们发现了令人吃惊的印加人记事绳。它长达 250 米，是用羊驼毛和骆马毛编结而成的。主绳居中，两侧系着一排排麦芒似的各种颜色的细绳。黑色的表示时间；红色表示士兵；黄色和白色分别表示金和银；而褐色则表示马铃薯。在绳上打结的位置表示数量的大小，离主绳最远的是个位，逢十进位；离主绳最近的结表示的数量最大。绳结的形状、大小和位置，对应着当时自然界和社会发生的各种事件。

也有学者对这种"结绳文字说"表示怀疑。因为印加人的天文知识、医学知识都很丰富，而且流传时间长达几百年，很难想像靠这种结绳文字能够做得到。因此，他们认为印加人有文字，只是现在人们还没有找到它。

为此许多考古学家想方设法寻找印加文字的线索。有的学者注意到了印加陶器上类似豆子的符号。它们即既不符合图案化的规则，也没有对称性，根本不像装饰匪的点缀。因此，他们指出：这些符号是一种没有被破译的文字。

也有的学者在研究印加人所崇拜的太阳神庙时，从庙中那些刻画得十分奇异的图画中受到启示，认为它们就是印加人的象形文字。

1982年，英国一位工程师宣布：经过他多年研究，已经发现印加人确实有文字，它们是由16个辅音和5个元音组成。但是，他还没有足够说服人们的论据，也就还没有得到人们的确认。

迄今为止，印加人是否有文字之谜还没有被破译，学者们也没有停止过对它的探索。

（赵立军）

不可思议的史前文明遗迹

在人类的考古学研究中，有许多史前文明的遗迹是不可思议的。

在距离澳大利亚东海岸大约750千米的新喀里多尼亚岛以南

约 64 千米处，有一座小岛，名为"派恩岛"。在这座小岛上有 400 多个圆锥形古冢，用沙石筑成，高 2～3 米，直径约 91 米。

这些古冢不仅外形古怪，外面寸草不生，而且冢内也找不到任何遗骸。人们只在 3 个古冢中各发现一根直立的水泥圆柱，在另一个古冢中发现两根并排的水泥圆柱。这些圆柱直径从 100～190 厘米不等，高为 100～254 厘米。用放射性同位素 C^{14} 测定后得知，这些圆柱是公元前 5120～前 1095 年间的东西。这些在人类公认的水泥发明年代之前就已经使用水泥的人是谁，现在已经无法知道，在这些古冢附近找不到任何与人类有关的遗物。如果是外星人留下这些古冢，那么它们的用途是什么呢？

在南美的的喀喀湖区，有一座著名的印第安古城蒂亚瓦纳科遗址，在它神秘的废墟上，有一块用整块红色砂岩雕刻成的巨人神像。神像上刻有一幅完整无缺的星空图，还有上百个奇特的符号。考古学家们经多年研究后，破译了星图和符号，他们认为：这幅星图所描绘的是 2.7 万年以前的古代星空；那些符号记述的是极为深奥的天文学知识。令人难以想像，数万年以前居住在南美的的喀喀湖畔的古人类，怎么会掌握了超过现代人类的天文知识。现在，科学研究的进程已经表明，人类对事物观察能力的提高，是全面了解事物、深刻认识其本质的大前提，现代人对宇宙的认识超过了自己的祖先是由于现代航空、航天技术的发展，已使人类不局限于身在地球、远眺星空的时代了。可是几万年以前的古人类是凭借什么认识太空的？如果描绘星辰的位置可以凭肉眼观察以及高超的

图像再现技能，那么，他们对天文知识的掌握难道仅凭直观所得的数据进行分析吗？人类对太空真实运动规律的认识不过近二三百年的历史，所以这些奇异反常的现象不能不提醒我们注意：人类对史前文明的认识还是很不够的。

（赵立军）

历史研究中的超技术之谜

在近 1 个世纪的时间里，考古学界不断地从史前文明遗迹中发现反常的技术现象，这使史前的人类文明更显得神秘难测。

1921 年考古学家在非洲的赞比亚发现了一个古尼安德特人的头骨，头骨的左方有一个边缘平整的圆孔。很明显这是高速飞行的小物体打击后留下的，它很像是现在的子弹射击形成的创口。生活在旧石器时代中期的"尼人"，距今有 5 万多年以上。他们当时刚刚学会使用石制工具，所以，这个创口一定不会是"尼人"之间打斗留下的。当然，有这样的可能，一位"尼人"正侧卧在地上小憩，从空中落下的一粒小石恰好击中了他。可是，也完全有另一种可能，这个"尼人"是被枪弹击中的。至于枪弹出自何人之手，就是难解之谜了。

如果说这块古人头骨上的发现，还不那么十分违反常规

的话，那么，在古人身上发现人造心脏，就是用传统人类学观点绝对无法解释的。人造心脏是近年来才发展成功的医学高技术，从研究到问世，也只有不到100年的历史。

可是，考古学家第一次发现的古人身上的人造心脏，是从存放于埃及金字塔中一具5000多年前的男童木乃伊的左胸中发现的。研究发现这具人造心脏是通过精密的外科手术装入胸腔的。能想像得出吗，处于新石器和青铜器时代交替阶段的古埃及人，不仅能做精密的外科手术，还能制造人造心脏和进行心脏移植这样的医学高技术。

所以，人们只能作出这样的推断：古埃及人曾与外星人有过接触，他们是地球上最早与外星人接触过的人类。

这种观点还没流行就被推翻了。曾有一支由考古学家组成的考察队在非洲突尼西亚北部一处偏僻的森林中进行研究工作时，发掘出了一具史前穴居人的尸骸。考古学家对他进行具体考察时，竟然在他的胸膛内也发现了一个构造精密的人造心脏。经过 C^{14} 的鉴定，证实这名穴居人已死亡至少5万年以上，他胸腔内被植入的人造心脏是由多件金属配件组合而成的。科学家们都确信它绝不是另一些穴居人制造出来的。看来，外星人与地球人接触的时间要更早，或者有前一阶段文明的人类光顾。

一些专家认定：在穴居人尸骸中找到的人造心脏保存得十分好，看起来稍加修复就能用。而且这具心脏看似简单，却有金属管道和一个类似泵的东西，和我们今天的人造心脏差不多。

尽管学者们对人造心脏决不是史前古人类自己制造和移

一万个奥秘一千个谜

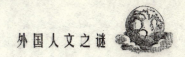

植的判定取得了一致的意见，可是，对于这些奇迹的创造者是谁，却有迥然不同的两种意见：一是认为宇宙中某种高智慧的生物，从人类一开始出现，就不断光顾我们这个星球。人造心脏手术是他们所为，他们的目的也许仅仅是为了做实验。二是认为或许我们这个世界在很久远的古代就已十分文明，只是后来被一次核灾难毁灭了，此后经过了一个漫长的时期一切生命才又重新开始。这具人造心脏很可能是旧世界一位侥幸生还的科学家将它移植到这个穴居人身上的。这很可能是留给后人的一种提示。

尽管这些观点中臆想、推断的成分很大，但是，这些考古中发现的史前超技术现象，不仅仅是给我们提出了一个个待解之谜，而且对传统的人文科学观点和理论提出了挑战，同时也给后继的地球上的人们一个更广阔的探索天地。

（赵立军）

20 亿年前的核反应堆

地球上有一个 20 亿年以前的核反应堆。这真是神话般的说法，从自然地理和生物进化的角度看，20 亿年前，地球上可能还没有出现任何生命。可是，客观世界真的就为我们提

供了一种反常的事实。

在法国有一家工厂，有一次在使用从非洲的加蓬共和国进口的奥克洛铀矿石时，发现这些矿石似乎已经被人使用过。因为自然界中的天然铀矿的含铀量一般不低于0.72%，而这批矿石的含铀量却不足0.3%。根据国际核不扩散条约，科学家们对这一现象不能不重视。难道加蓬已经有了核处理装置？为了搞清问题的真相，科学家们纷纷来到加蓬的奥克洛铀矿进行考察，结果使他们震惊。他们没有发现加蓬的核工业能力，这倒是在预料之中的，可是，他们看到的是一个令人不可思议的事实：奥克洛铀矿附近有一个史前遗迹，是一座古老的核反应堆。它是由大约500吨铀矿石分6个区域构成，形成了能够输出100千瓦功率的电的装置。专家们研究后发现：这座核反应堆的结构相当合理，而它的运转时间长达50万年之久，特别是它保存得也相当完整。经过地质科学家的科学鉴定：奥克洛铀矿成矿于20亿年以前，而这座核反应堆的出现时间只是在奥克洛铀矿成矿稍后不久。

有一点大家取得了共识：这座核反应堆不是这一代人类文明的作品。我们这一代人类，从进化的类人起点算，距今不过五六百万年，学会用火也只是在几十万年以前，而原子能技术从产生理论到实际应用都还只有几十年的历史。这与这座史前核反应堆运转的时代是无法相比的。

那么，谁是它的创造者呢？"外星人之说"又首当其冲。可是，就算太空中真的有比我们这一代人类更久远历史的智慧生命，那么，他们在地球上连续生活了40万～50万年，

一万个奥秘一千个谜

应该获得我们这个星球的球籍了吧？

这个 20 亿年前的核反应堆使人们更多地思考这样的问题：地球的过去到底是什么样子的？是不是在我们这一代人类文明之前，地球上就多次出现了达到相当发达程度的人类文明？这些问题是令人难以确切回答的。可是，地球上已经多次出现各种蛛丝马迹，让我们必须进行这样的思索：我们对人类文明进程以及对我们这个星球的历史的研究是否有着本质上的严重谬误，也许现代科学为我们描绘的地球的历史、人类的文明史从根本上就是错误的。完全有这个可能，史前的地球、史前的人类文明，都是后人根据各种零乱的考古发现，加以分析推理，人为地梳理成线的，所以，其中不无臆想部分。很多观点的流行，又往往是借助某些现代人的权威。

青少年面前仍然有一个极大的未知世界。意志坚定、热爱科学的人，如果坚持不懈地探寻其中的奥秘，将很可能为人类文明史的描述打开新的天地。

（赵立军）

巴格达古电池之谜

1936 年 9 月，在伊拉克首都巴格达近郊的格加特·拉布阿村，一些工人在修建铁路时，挖出了一具石棺。石棺内除

了金银器及珍珠之外，还有一些陶制粗口瓶。这些粗口瓶瓶颈覆盖着一层沥青，有根小铁棒插在铜制圆筒里；圆柱体铜管高约 10 厘米，底部固定一个以沥青绝缘的铜盘，顶部有一个涂沥青的瓶塞。据专家考证，这些文物是 2000 多年前的随葬品。

这些其貌不扬的陶制粗口瓶、小铁棒等为什么与金银珠宝一起放在石棺里呢？

德国考古学家瓦利哈拉姆·卡维尼格在进行了深入研究之后，郑重宣布："我们发现了一个异常奇特的文物，那就是古代化学电池。只要向陶瓶内倒入一些酸或碱性水，便可以发出电来。"由于这种古电池是在巴格达近郊发现的，因此人们称它为"巴格达古电池"。

之后，这位考古学家利用职务之便（当时他任伊拉克博物馆馆长），将这些古电池悄悄运回德国。过不久，他又宣布："这些电池当时是以串联的方式使用，其目的是通过电解法将金涂在雕像或装饰品上。"如果他的论断正确的话，说明 2000 多年前人类不但能利用电照明，而且能利用电冶炼金属和制造器具。这意味着人类发明和用电的历史要提前好多年。这是多么令人兴奋的发现哟！

在此以后，许多科学家从不同侧面提出论证，支持卡维尼格的观点。

在巴格达近郊，继发现古电池之后，还陆续发现许多电镀物品。

有些科学家仿照巴格达古电池的材料与方法，制成电池，

并进行通电试验，结果证实它确实能通电。也有人利用仿制的古电池进行电解镀金试验，也获得成功。

在埃及大金字塔最里面的洞穴里，有一幅刻工精细的石壁画。据考证，这壁画是在金字塔洞穴内雕刻而成的。洞穴

里十分黑暗，根本无法雕刻，可在洞穴里又没有任何用过火把或油灯的痕迹。在一个壁洞中有一幅壁画，画面很像绘有巴格达古电池和一盏电灯。因此，有的科学家认为，在埃及人建造金字塔时就已经使用过类似巴格达古电池灯的照明工具了。洞穴里的壁画正是借助电灯光而完成的。

然而，不少科学家断然否定卡维尼格的论断，他们认为在2000多年前不可能有电池存在。至于巴格达古电池，他们怀疑其真实性，认为那只是伪科学的产物。

因此，巴格达古电池之谜仍有待科学家们的研究。

（刘宜学）

太平洋岛屿上的神秘古迹

谁也无法确切地说，太平洋对人类的文明进程贡献有多大，因而谁也不能忽视它在人类文明史的研究中的重要地位。在浩瀚的太平洋上，人们不仅能看到世界级的著名谜岛，也能从一些鲜为人知的岛屿上发现人们今天也难以解释的人类文明的遗迹。

在著名的"小岛群岛"星罗棋布的无数岛礁中，就不止有一个这样的岛屿。

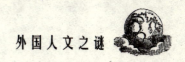

波纳佩岛就是其中之一。在位于菲律宾以东、包含有963个火山岛和珊瑚岛的加罗林群岛中，它是最大的一个岛屿。而加罗林群岛也是美国托管下的密克罗尼西亚（即"小岛群岛"）中最大的一个群岛。

人们在波纳佩岛上发现了一座古城遗址。考古学家给它命名为"马杜尔古城"。

这是一座占地约432公顷的石砌古城，一些巨大的石砌平台，像棋盘一样平铺在珊瑚礁上。有一座宏伟的宫殿和一间宽敞的聚会大厅，还有神庙、居室，也包括坟墓、地窖等建筑物都修建在这些平台上。它们组成了这座古城。城外修有一道高大的防波墙阻挡着海水，不让它倒灌入城内。在防波墙上开有海门，可以让船只通过。

城内建筑的布局也很清楚地分成3部分。较低的部分是供国王、朝臣和贵族们居住和活动的场所。上层则是神庙，是宗教活动的场所，僧侣们也住在里面。而地窖、坟墓等则分布在古城四周，形成了护城墙。

没有人知道这座古城的历史。土著居民登上这个岛屿时，古城就已被遗弃在那里了。据估计古城的建筑时间最少也有1000年以上。

这座古城是用又重又硬的巨大火山岩砌成的。这些被加工成长方形的火山岩石料，大多长度在0.9～7米之间，最长的约有8米，它们都是从距离马杜尔古城约48千米远的一处采石场里运来的。专家们分析：建筑古城时，仅搬运石料就需要同时动用几万名劳动力。可就是在今天，以此岛为中心

的约 2414 千米直径的范围内，总人数还不超过 5 万。实在难以想像这座古城的创造者们是怎样建成它的！

按照岛上土著居民的传说：在古代，有两兄弟欧罗巴和欧索巴乘坐大独木舟来到岛上。他们施展魔法让巨石飞翔，仅用 1 天时间就把整个马杜尔古城建好了。看来，以前的人们也不敢相信古城是靠人力所建。由于没有任何文献资料可查，谁也无法搞清这座古城是什么人的杰作。从对古城周围的考察中发现，采石场中还摆设着已加工好和尚未加工完的石料，和复活节岛的石像制作十分相似，他们也是在突然的情况下停止工作的。

岛上土著居民还世代相传：距古城不远的海底还有一座沉没的古城。1939 年潜水员真的在附近海底发现了这座古城。在水下古城里有完整的街道、石柱、石像和住所。潜水员还打捞出了珍贵的黄金与珠宝饰物。

这些古城到底是什么人建造的呢？它们是不是和消失了的古大陆有关？这些问题，人们直到今天还无从得知答案。不过，太平洋水域中的这些人类文明遗址之间，很可能有着某种内在的联系。如果有一天，人们能够找到这种联系，可能会解开一连串人类文明史上的谜，然后把人类文明发展的链条连接起来。当然，这一天的到来要靠更多的人去研究、去发现。

（赵立军）

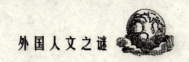

金字塔旁的古船之谜

在尼罗河西岸的吉萨高原上，有一座大金字塔，那是埃及第四王朝的法老胡夫（距今已有 4000 多年）的陵墓。

1954 年，人们在清除大金字塔基脚的一堆乱石时，发现了石墙和用巨大的石灰岩石料砌成的封顶。拆除部分石墙后，人们发现了两个大坑。

于是，考古学家们挖掘了一个坑，出人意料的是，坑里埋藏着一艘拆卸了的古船，共有 1224 块，按船的形状有顺序地堆放在一起。

考古学家们花了几年时间，才组装、复原好这艘古船：船长 43 米，船身细长，头尾高翘，有甲板；船壳采用纵向组合的方式，用铜箍加固，用防水剂抹缝；船上使用一种像梭镖状的桨。

1985 年，美国、英国、荷兰和埃及的考古学家，通力合作，发掘第二个坑。结果又发现了一艘与第一个船冢出土的古船相类似的古船。

这两艘古船是干什么用的呢？

有的科学家认为，这是供埃及法老胡夫亡灵乘坐的日月之舟。因为古埃及有一个传说：太阳神乘着一只小舟，在天

海向西航行；在黄昏时为天神所吞食，可是到黎明时又获得新生。法老自然与太阳神有关，他死后便乘船升天，在天海乘太阳船西行，到晚上便换乘月亮船。

有的科学家认为，这两艘姊妹船都是灵船。胡夫死后，一艘船载内棺和尸体，一艘船载石棺，驶往金字塔脚下的一座庙宇。船靠岸后，尸体和棺材被抬上岸，再被抬进庙里。

有的科学家认为，在古埃及，尼罗河平原上河流交错纵横，船是人们谋生的重要工具，深受古埃及人的青睐。在古埃及墓室壁画上，常常有各种各样船的形状就可以证明这一点。因此，船冢里的两艘船，是供给胡夫死后使用的。

有的科学家认为，这两艘船是胡夫生前朝圣用的。一艘船用于去开罗下游的圣城，另一艘船用于去开罗上游的圣地。胡夫死后，人们就将这两艘船作为陪葬物让胡夫带去……

总之，许多专家、学者各执一词，争论不休，可都缺乏让人信服的依据。这又将成为一个永远笼罩着神秘色彩的谜。

（刘宜学）

狮身人面像的鼻子哪儿去了

在埃及尼罗河下游西岸的吉萨（开罗近郊）哈夫拉金字塔的旁边，屹立着一座石雕——狮身人面像。它高20米，长

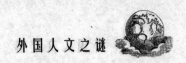

约 57 米，脸长 5 米，耳朵长 2 米，是用一块完整的天然巨石雕刻而成的。这是世界古代石刻艺术史上的奇迹之一。

古希腊神话传说，狮身人面像是一个长着美丽人头、狮子身体、带着翅膀的怪物，名字叫"斯芬克斯"。斯芬克斯从智慧女神缪斯那里学会了许多谜语，于是她日日夜夜都蹲在大路口旁边的悬崖上，见到行人便用各种古怪的谜语询问。如果行人不能猜中谜语，她就把行人撕得粉碎，然后吞食掉。这样，被她吃掉的过路人不计其数，甚至连国王的儿子也成了她的腹中之物。

国王心中万分悲愤，发出悬赏告示，宣布谁能除掉这个恶魔，谁就可以获得王位，并可以娶王后为妻。一位名叫俄狄浦斯的青年勇士应国王的征召，爬上了斯芬克斯蹲踞的悬崖，自愿解答谜语。恶魔出了个自以为最难的谜："什么生物在早晨用 4 只脚走路，中午用 2 只脚走路，晚上用 3 只脚走路？"俄狄浦斯几乎不假思索地回答："是人。小孩刚学走路时，用两手两脚爬行，这是生命的早晨；长大了，用两脚走路，这是生命的中午；老人年老体衰，拄着拐杖走路，这是生命的晚上。"斯芬克斯见自己无法难倒俄狄浦斯，感到无地自容，从悬崖上跳下摔死了……

公元前 2250 年，埃及国王哈夫拉来到吉萨，检查正在为自己建造的陵墓——金字塔施工情况，见采石场上还剩下一块巨大的石头，便命令石匠按照神话中斯芬克斯的基本外形，再配上他的脸型，以及象征国王威严的穿戴等雕刻一座狮身人面像。

自然，按国王这个要求雕出的人面像五官还是比较端正

的。然而，后来不知什么时候，人们发现狮身人面像的鼻子不见了，它哪儿去了呢？

有一种传说，拿破仑一世（拿破仑·波拿巴）侵略埃及时，命令法国军队用大炮把狮身人面像的鼻子轰掉了。但据考证：拿破仑攻入埃及之后，对狮身人面像是加以保护的，且更重要的是，早在拿破仑之前，就有关于狮身人面像丢掉鼻子的记载。因此，这种传说并不可信。

还有一种传说，500年前，埃及国王的马木留克兵（埃及中世纪时的近卫兵），把狮身人面像当作大炮轰射的靶子进行军事演习。这一传说也不可靠，因为埃及历代的国王和臣民对狮身人面像都很珍重，怎么说也不会敢用大炮来轰射它。

那么，狮身人面像的鼻子究竟哪儿去了呢？

这还是一个待揭之谜。

（刘宜学）

寻找诺亚方舟

这是《圣经·旧约·创世篇》中的一个故事：上帝认为人类罪孽深重，决定要把所有的人都杀死。因为诺亚是一个好人，为人正直，同所有的人都相处得很好。上帝要唯独留下他一家，让他们重新繁衍人类。于是，上帝来到人间，对诺亚说：念你与众不同，所以我要帮助你和你的全家。你要用歌斐木制造一艘大方舟，带上各种动物，每种一公一母，躲进方舟。天就要连下 40 天大雨……诺亚听从了上帝的警告，真的用歌斐木做成了一艘大方舟。它长约 137 米，宽约 23 米，高约 13 米。后来，果真天降大雨，连日不断，引发了大洪水毁灭了人类，而只有诺亚一家借助方舟躲过了劫难。洪水过后，他们的方舟到达了现在的亚美尼亚的土地。他们成为今天仍生活在这个星球上的人类的祖先。

这是一个生动的神话故事。但是，许多人不是从宗教的角度去看它，而是把它看作是历史的一部分。他们认为，这段故事很可能是在历史真实的基础上进行想像和发挥而成的。持这种看法的人，并不是虔诚的宗教信徒，而都是学有所长的科学家。

到了 20 世纪 80 年代，中东各国与美、法、英、德、日本等国家的考古工作者携手合作，找到了一些历史依据，证明诺亚方舟的故事确有历史依据。在距今五六千年前，人类文明最古老的发祥地之一——两河流域的美索不达米亚平原确实曾经被大洪水吞没过。人们不仅从考古地质分析中找到了证据，还在古亚述王国京城的遗址中，在人类历史上最早的图书馆遗迹里，人类最早的历史文献泥板文书中，发现了记述这次毁灭人类的大洪水的文字内容。后来，人们在公元前 10 世纪的萨拉图书馆遗迹中也找到了关于这次洪水的记录。这些大大早于《圣经》问世时间的历史佐证，使这次大

一万个奥秘一千个谜

洪水作为历史显得更真实、可信。很巧，犹太人的祖先是闪米特人，就发祥并生活在美索不达米亚平原。

据此，科学家们认为，诺亚就是大洪水前生活在那儿的闪米特人中的一员。向他预报洪水将要发生的"上帝"，很可能是当时一位很了不起的气象学家，也许他还具有特异功能。说不定，也许他是个外星人……

这样一来，诺亚方舟好像应该真的存在过。许多人坚信这是事实，他们不停地四处追寻诺亚方舟的踪迹。

1955 年，法国一位考古学家和他 10 岁的儿子一起，在土耳其和伊朗之间海拔近 5200 米高的达阿禄山上，发现了一截舟船的残骸。经过科学鉴定，这是一块由歌斐木制成的船板，而且，它的制造时间距今已有 5000 年以上了。这一发现和 79 年前英国一位贵族在此山上的同样发现相呼应。

但是，人们不能肯定这就是方舟的组成部分。或许说不定，这是诺亚死后近 10 年的时间里，亚美尼亚人造的另外一艘或几艘纪念船上的一块木板。

1986 年 4 月，土耳其官方通讯社宣布，已在达阿禄山顶发现了方舟，并且从空中拍摄了照片。方舟的船头呈洋葱状，舟身的长度也和有关文献上的记载基本一致。

1989 年 3 月，前苏联的科学家声称在蒙古的戈壁沙漠中也发现了诺亚方舟。它埋在沙中，保存完好，但是还没能把它挖掘出来。对此，大部分西方学者都不相信。因为他们都认为方舟只能在达阿禄山附近，不会出现在别的地方。但是，也有些西方学者的态度灵活，他们认为：方舟既然是随洪水

漂流，那么也就有可能出现在蒙古的戈壁滩上。

至今，持各种说法的人，都还没有向世人展示他们发现的实物，所以，还不能使人信服。只有将方舟实实在在地展示在人们面前，人们才会彻底相信诺亚方舟的存在。

（赵立军）

荷马史诗及其作者身后之谜

古希腊是欧洲文明的发祥地之一，它的历史是欧洲历史的重要组成部分。

珍贵的文学名著荷马史诗就是反映古希腊由氏族社会向阶级社会过渡时期的历史。

荷马史诗是由《伊利亚特》和《奥德赛》两部组成，它们都是以部族英雄们的事迹为题材的文学作品。

《伊利亚特》又译作《伊利昂记》，意为"伊利昂的故事"。"伊利昂"是希腊人对特洛伊的称呼，所以这部史诗描写的是特洛伊战争最后一年的事情：希腊联军统帅阿加米农和最勇猛的将领阿溪里因抢夺战俘中的一个女奴而发生了争执。阿溪里愤怒之下退出了战场，结果希腊人在战斗中连遭败绩，阿溪里的好朋友，副将帕特洛克罗斯也被特洛伊主将

赫克托杀死。战友的死使阿溪里痛悔万分，于是重上战场杀死了赫克托，赢得了胜利。最后希腊人和特洛伊人各自为帕特洛克罗斯和赫克托举行了庄严、隆重的葬礼。

《奥德赛》也被译作《奥德修记》，意思为"奥德修的故事"。内容描写的是特洛伊战争结束后，以足智多谋著称的希腊英雄、伊大卡国（希腊半岛以西属爱奥尼亚群岛）国王奥德修历经艰险，渡海还乡与家人团聚的故事。故事生动地描写了历经 10 年的特洛伊之战后，希腊将士们陆续回到故乡的情景。奥德修在回航旅程中，遭遇了无数的艰难险阻，漂流了 10 年后才踏上故乡的海岸。此时，伊大卡的一帮贵族子弟正在千方百计地欺骗和追求奥德修忠贞的妻子，以谋取王位。奥德修扮成乞丐，借比箭的机会杀死了那些求婚者，与家人幸福地团聚，并重新登上了王位。

荷马史诗具有很高的文学价值，在欧洲可以说是家喻户晓，在全世界也流传很广，我国早就有它的中文全译本。同时，它还揭示了公元前 11 到前 9 世纪古希腊的社会文明状态。从字里行间，不难看出，同属印欧语系的多利亚人、爱奥尼亚人、伊奥尼亚人在公元前 20 世纪开始逐步涌入爱琴海域诸岛和希腊本土，他们过着父系氏族时代的社会生活，没有文字，物质文明也大大落后于那些土著居民——他们创造了灿烂的克里特文明和迈锡尼文明。然而，特洛伊之战给迈锡尼文明以毁灭性的打击，据考证，此战之后迈锡尼文明仅延续了 80 余年就悄然而逝了。希腊的历史又重新经历了从原始社会向阶级社会过渡的阶段。因而，荷马史诗也有很高的

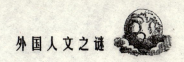

历史价值。

可是，长久以来人们一直在争论：荷马史诗的作者是谁？他是什么人？

到目前为止，荷马生于什么年代，是哪个地方的人，尚无定论。对后者有 10 多种说法，人们各执一词。只是希腊历史学家确认荷马是古希腊的一位盲诗人。

现在，大多数学者都同意这样一种推断，即荷马史诗最初是以口头流传的民间诗歌的形式出现的，而且时间大致在特洛伊战争结束后不久，以后经行吟诗人数百年的汇集加工，逐渐形成统一的长篇叙事诗。它最后的编订成型，大约是在公元前 8 世纪，而荷马可能是最后完成整理、定型工作的诗人。

无论荷马这个人是否真的存在，也不管他的出身是低微还是高贵，荷马史诗作为集历史真实和文学浪漫之大成的崇高地位是无可置疑的。越来越多的考古发现表明了荷马史诗所描述的历史事件的客观真实性。

（赵立军）

亚历山大大帝的陵墓在哪里

亚历山大大帝是古代最著名的征服者。他集勇敢、智慧、战无不胜和英明卓识于一身，是一位对后世影响很大的历史

人物。

他不仅生前威名远扬，死后也极尽荣耀。他以后的名人志士都对他崇拜有加。可是，令人遗憾的是现在已经没有人能知道亚历山大大帝的陵墓具体在什么位置了。

公元前336年，只有20岁的亚历山大继承了他的父亲、古希腊马其顿王腓力二世所开创的霸业。他以超人的胆识、卓越的军事指挥才能和高超的政治管理手段很快稳妥地控制了希腊全境，并且开始了对西亚、北非的征服之战。他一生征战，从来没有尝到失败的滋味，创造了无数以少胜多的战例。在短短的7年时间里，他依靠一支最初仅有3.5万人的军队，彻底摧毁了强大的波斯帝国，建立了一个东起印度河西至尼罗河与巴尔干半岛的横跨欧、亚、非的军事大帝国，功绩彪著，后人无不仰慕。

只可惜他的生命短暂，公元前323年，他由于连年征战，染上了疟疾，不幸病逝。他的得力战将托勒密保护他的"龙体"回到埃及的亚历山大城，隆重地安葬了他。后来成为埃及统治者的托勒密和他的继承者托勒密二世还为亚历山大大帝修建了一座富丽堂皇的陵墓。

以后的历代帝王都十分敬仰亚历山大大帝，并且尊崇他的陵墓。

罗马军队占领亚历山大城以后，凯撒大帝做的头一件事，就是去朝拜亚历山大的陵墓。他在亚历山大的墓前盟誓，要像他一样，创建史诗般的业绩。

奥古斯都皇帝也亲自拜谒过亚历山大的陵墓，他在墓前

撒满了美丽的鲜花，还为亚历山大的塑像戴上了一顶金制的
桂冠。

公元 3 世纪，卡拉卡尔皇帝也来进谒过陵墓。可是，从
那以后有关亚历山大陵墓的音讯就没有了。

16 世纪以后，亚历山大城的战略地位逐渐降低。加上在
此之前，亚历山大城历经多次破坏性大地震，古建筑遗迹损
坏严重。19 世纪，有人在亚历山大城重建海港，由于管理不
善，古建筑遗迹中的残垣断壁也成了建筑材料。从此，这些
古迹就荡然无存了。

有关亚历山大陵墓的详细情况，史料记载的本来就很少。
只是在罗马帝国时期，记录过几位皇帝拜谒陵墓的情况。这
使后人寻觅陵墓的确切位置的工作变得十分困难。

公元之初，希腊著名地理学家斯拉特拜曾作过估计，亚
历山大的陵墓可能是在城里的皇宫区域内，在两条主要街道
的交叉点上。因为按古希腊人的习俗，创建城市的帝王死后
就是神，一般都埋在城市中心，借亡灵庇护全城。

英国现代一位考古学家，根据马其顿民族的习俗描绘了
亚历山大的陵墓的盛景："一座宏伟的庙宇里，安放着豪华精
美的棺椁。庙周围是一些圆柱；外面是围墙；对面是开阔的
庭院，设有祭坛。墓里放着各种稀奇的饰物、珍贵的祭品、
王权的各种标志、国王的雕像、精致的艺术品和各种优良的
武器。"

多么吸引人的一幅图画！人们急切地希望找到它，可又
一直不见其踪迹。

埃及报纸几年前曾经宣称，有人发现了亚历山大的陵墓。可是，不久后出土的只是一座古罗马时代的剧院建筑。

人们还在不停地寻觅。

（赵立军）

古埃及何时形成统一的国家

埃及是世界上四大文明古国之一，它位于非洲大陆的东北角，孕育了埃及文明的尼罗河穿过它的全境。人类史的研究表明，埃及这片土地是最早出现先进发达的人类文明的地方。远在公元前 5000 年左右，古埃及就已经出现了城市文明，并且进入了阶级社会。而在同一时间的其他大陆上的人们，还在过着原始状态下的生活。

刚刚进入奴隶社会的古埃及，并不是一个统一的国家，它当时被分成上、下埃及两部分，各部分又都有独立的统治机构。后来，下埃及被上埃及征服，形成了一个统一的古埃及奴隶制国家。可是，这种统一完成于什么时间，由谁来完成的，则一直是一个历史谜案，无史料可查。

古希腊史学家希拉多德曾这样写道：公元前 3100 年左右，埃及第一王朝的国王美尼斯征服了下埃及，建立了埃及

历史上大体统一的国家。

但是，现代史学家们对他的这种观点，都抱有怀疑态度。研究埃及的学者们翻遍了古埃及的所有史料、文物，始终找不到任何关于美尼斯王曾在埃及历史上存在过的线索。在非史实性文献中，美尼斯被描绘得十分完美，完全称得上是精神文明的楷模。一些学者认为，美尼斯不是真实的历史人物，很可能是有人根据古埃及早期的几个统治者的事迹进行加工臆造的理想君王。美尼斯是神话中的人物，是神王。

但是，也有人认为美尼斯可能是古埃及第一王朝的那尔迈王。在著名的古埃及文物"那尔迈调色板"上，那尔迈似乎是以上、下埃及之王的形象出现的。

"调色板"看上去和我国的砚台一样，只是它的用途是调制化妆品。

"那尔迈调色板"是5000多年前制作的，是在耶拉孔波利斯古城的何露斯（隼鹰之神）神庙下出土的。和所有的古代调色板一样，这块调色板上也刻画着一些装饰图案和象形文字。只是它的图案是反映那尔迈王的一段丰功伟绩的。几个画面展现了那尔迈王在何露斯神的庇佑下，取得了进攻"纸草之国"的胜利。在调色板正面的画面中，那尔迈王戴着红色的王冠，而在反面的画面内，他头戴白冠。这是一个很重要的信息。因为根据对埃及历史的研究，在古埃及，红冠是上埃及王权的象征，白冠是下埃及王权的象征。"调色板"上的图画就是在告诉人们，那尔迈既是上埃及之王，也是下埃及之王，那么，在那尔迈的统治过程中，上、下埃及已经

一万个奥秘一千个谜

统一成一个国家。根据这种观点，这些学者指出：美尼斯就是那尔迈。

可是，有很多学者反对这种看法。他们也从埃及历史研究中找到了有利的依据：红、白两冠都起源于上埃及，只不过是用来表示王者是土著还是外来的。仅从画面中那尔迈的王冠颜色的变化不足以确认他是上、下埃及之王。而从"那尔迈调色板"上还能够得到这样的信息：那尔迈在征服"纸草之国"时，有同盟的几个州。各州在战争中都起同样重要的作用，这在画面里表现得很清楚。那尔迈看上去只是各州联盟的领导者，并不是后来的全权君主。他们实际上否定了那尔迈王统一古埃及之说。

到底是谁完成了古埃及奴隶制国家的统一，至今尚无定论，它仍是待解之谜。

（赵立军）

所罗门宝藏之谜

《圣经·旧约》中记载：公元前 10 世纪，犹太国王大卫完成了他的统一大业，在今天的巴勒斯坦地区，建立了犹太——以色列王国，并且使这个国家在他执掌政权的 40 年里日

益强大。他的儿子所罗门继承的是一个国力雄厚的泱泱大国的君王宝座。所罗门更是一个智慧超群、理财有方的国王，他使这个国家的政治、经济进入了鼎盛时期。

所罗门驱使他的臣民，用 7 年的时间，建成了一座在当时是十分宏伟的圣殿。圣殿建在犹太人的圣地"亚伯拉罕岩"上。圣殿中心的圣堂内，存放着纯金铸成的"耶和华约柜"，里面盛放着希伯莱人最神圣的经典。

这时的犹太王国和地中海周围的所有国家都建立了贸易往来。所罗门的聪明才智和他的辉煌政绩，使他威名远扬，周围国家的人们都很敬佩他，这使得他的财富与日俱增。据说，所罗门的大量金银珠宝都存放在圣殿中。

公元前 6 世纪，所罗门的子孙们没有能守住祖上的基业。著名的新巴比伦王国的君主尼布甲尼撒二世领兵攻灭了犹太王国。圣殿也被毁于一旦，圣殿中的大量财宝和珍贵的"耶和华约柜"在战乱中下落不明，而巴比伦人又肯定没有得到它们。这就构成了一直吸引着世人的"所罗门财宝之谜"。

有人分析推测：在巴比伦人没有进入耶路撒冷城之前，祭司们早就已经把"所罗门财宝"和"约柜"转移到了安全的地方。

这些牵动着无数人心的财富的去向，是许多人刻意追寻的。开始，人们不相信犹太人会把宝藏留在耶路撒冷，他们寄希望于茫茫大海中的一些岛屿。因为有一些学者曾指出：所罗门时代，经常派船出海远航，每次都是满载金银而归。在海外十分可能有一处所罗门王贮藏财富的宝库。根据这种

一万个奥秘 一千个谜

说法，许多探险者不停地在海洋中搜寻，著名的所罗门群岛就是因这种搜寻而定名的。

那是公元 1568 年，西班牙航海家德纳率领的一支考察队第一次登上这片群岛中的一个海岛。他们看到岛上的土著居民身上都佩戴着闪光耀眼的黄金饰物，以为是找到了古代所罗门王的黄金宝库，于是就给这片地中海中的岛屿起了这个名字。实际上德纳他们根本没找到什么宝藏。

进入 20 世纪以后，人们逐渐又把注意力投向了"亚伯拉罕岩"。据说在修建圣殿的时候，根据所罗门王的命令，工匠们在"亚伯拉罕岩"下面建有秘密隧道和地下室。后来，所罗门王就把他的大量金银珠宝存放在岩下神秘的洞穴中。这时的耶路撒冷已处于奥斯曼帝国的统治下，圣殿早已无存，在它的原址上又建起了清真寺。僧侣们对伊斯兰圣地管理严密，外人是难以接近的。

可是，巨大财富的诱惑力，驱使着一些冒险家们铤而走险，想方设法接近"亚伯拉罕岩"。

最先获得成功的是英国人。他们悄悄地进入了耶路撒冷，买通了伊斯兰守卫，携带着工具在这块希伯莱圣石附近挖了 7 天 7 夜。正当他们感觉财富越来越接近的时候，僧侣们发现了他们。他们幸运地逃跑了，可是受贿的守卫都惨死在僧侣们的乱刀之下。

美国人比英国人走运，有两个美国人获得允许来这里挖掘。他们工作了很长的时间，最终坑道坍塌打破了他们的发财梦。他们也没有找到宝藏。

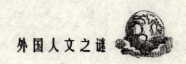
搜寻所罗门宝藏的活动一天也没有停止，可是直到今天仍没有人找到它。但是人们仍然相信它的存在，只是寻找的困难太大了。圣岩下的神秘洞穴可能被迷宫似的坑道包围着，即便是进入通道，也难以到达藏宝的地方。所罗门群岛共有6个大岛和900多个小岛，分布范围广至60万平方千米，岛上90％的面积被茂密的热带雨林覆盖，宝藏就是在那里，也难以找到，除非巧遇。

（赵立军）

玛雅文明之谜

著名的古玛雅文明是在16世纪被征服美洲的西班牙人首先发现的。在墨西哥东南部的尤卡坦半岛上，茂密的热带雨林中掩隐着许多古代宫殿的废墟，一些地方还残存着古代城市的遗址。

西班牙人在这些古代文明的遗迹中，看到了一些宏伟的神庙和巨大的金字塔。这使他们大为惊叹。这些宏伟的古建筑都称得上是世界古建筑史上的奇迹！很容易联想，创造它们的人们一定具有高度发达的文明，这些都是当今文明世界里的人所不了解的。于是，各国的历史学家、考古学家、人

一万个奥秘一千个谜

类学研究者纷纷被吸引到了这片神秘的土地上。

今天，人们已经知道，这些古代文明奇迹就是著名的古代玛雅文明。古玛雅人创造了这些奇迹。玛雅古国位于中美洲的心脏，是一个横跨今天的墨西哥尤卡坦和危地马拉、洪都拉斯、萨尔瓦多3国的大国。它建立于公元之初，而且是一个繁荣强盛的文明古国。玛雅文明的遗迹表明，他们的文明是我们这个星球上同时代最先进的文明，所以通常被称为"玛雅奇迹"。

现在的考古研究表明，玛雅文明源远流长，早在公元前9000年，玛雅人就已建立了渔猎村落。大约在公元前2500年左右，他们进入了农业社会。

在今天，当人们面对玛雅人留给后世的一座座宏伟、神奇的建筑遗迹时，都会为他们严密的组织能力、科学的分工、权威的指挥以及高超的技艺所折服。

尤卡坦半岛上的乌希马尔，矗立着一座长180米、宽150米、高13米的巨大建筑物。西班牙人给它起的名字是"总督府"。这是一座用1万多吨石料砌成的精美建筑物。在它的外墙上方有一道3米宽的石刻饰带环绕着整个建筑物，饰带上雕刻着150个蛇形神面具，个个一模一样，它们是用2.2万多块石头拼制而成的，每块石头的大小和花纹都绝对相同。这道石刻饰带无论是在地上雕刻，还是建筑物完工后在顶上雕刻，都可以说是令人难以想像的奇迹。

在它的附近，著名的"太阳"和"月亮"金字塔，气势雄伟，接天而立，具有完全不同于埃及金字塔的风格。通向

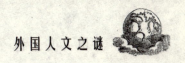

塔顶神庙的高层石阶十分陡峭，远远望去就像通向天国的云梯。

玛雅人不仅在建筑方面，而且在数学、天文学的力法上，无论是历史各阶段水平或者是总体水平，都可以无愧地傲视世界上任何其他民族。他们在古代就已经十分准确地算出了金星绕太阳 1 周的时间。他们的太阳历，把 1 年分成 18 个月，每个月 20 天，加上 5 个宗教忌日，一共 365 天，而且每 4 年还要加 1 天。这和我们现代的历法何其相似。玛雅人使用的是象形文字，至今未被破译。他们有立碑记史的习惯，每 20 年立一块石碑。现在发现的最早的石碑是公元 328 年立的，最晚的石碑立于公元 909 年，玛雅人的历史就中断于此。

在西班牙人最初到达这块繁衍过灿烂古代文明的土地上时，见到的只是处于原始生活状态下的印第安人。他们以树叶遮体，靠采集、狩猎谋生，人们无法把他们与创造奇迹的玛雅人联系到一起。如果这些印第安人真的是古玛雅人的后裔，那么是什么神秘力量使他们放弃繁华的城市，回到野兽出没的山林呢？对于玛雅人的行踪，学术界一直争论不休。

有的学者提出：玛雅人不是中美洲的土著居民，他们来自别的大陆，在创造了灿烂的玛雅文化以后，又回归故土了。他们的故土在哪儿则不得而知。对玛雅文化的研究表明，玛雅文化和中国文化、新西兰土著的毛利文化以及西伯利亚、阿拉斯加土著文化之间存在着某些密切的渊源关系。可是，人们无法理解玛雅人为什么放弃自己辛勤开发，并且取得如此辉煌成就的生存之地。

也有人认为：玛雅文明不是地球人的创造，而是外星人留下的。可是大量证据表明，玛雅文明是适合地球人生存，并且体现地球人文化的文明。

还有人认为玛雅文明是地球上上一个阶段人类文明的延续，但这也无法证明。

中美洲的印第安人却始终坚信玛雅人是他们光荣的祖先。在印第安人的各种传说中，大多以各种不可言状的恐怖和劫难解释了玛雅文明的迅速消亡。这也完全有可能是玛雅文明归宿的真实解释，其中的一些说法已经被科学证明是完全可能会发生的。玛雅文明消失之谜的真相大白之日，将会对人类文明史的研究产生深远的影响。

（赵立军）

米诺陶洛斯的传说和历史

古希腊神话传说中有一个脍炙人口的悲剧故事：在远古时代，克里特米诺斯王的一个儿子，在雅典被杀害了。暴怒的米诺斯王大兴问罪之师，使雅典国王埃古斯无奈中签下了屈辱而且是骇人听闻的条约：每隔 9 年（也有说每年）雅典必须向克里特进贡 7 对童男童女，作为克里特牛首人面怪物

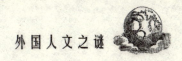

——米诺陶洛斯的食物。

这个怪物是米诺斯的王后帕西法与一头公牛所生。为了遮丑，米诺斯王在克里特首都克诺索斯为它建造了一座迷宫式的规模庞大的双斧宫殿。

这种残酷的贡税使雅典人个个恐慌不安，深怕灾难会落到自己的亲人头上。国王的儿子英雄忒修斯为了安民除妖，在第三次进贡时，毅然挺身而出，作为贡品前往克里特。国王悲壮地为儿子送行，并且约定，如果王子平安而归，则船上挂白帆，要是失败了就照旧挂黑帆航行。

到了克里特以后，米诺斯王的美丽公主爱上了雅典王子，在暗中指点和帮助了他。忒修斯带着公主赠予的魔剑和作为路标的线球进入迷宫，杀死了米诺陶洛斯，然后带着公主返回故里。可是归家心切的忒修斯忘记了与父亲的约定，在雅典海岸翘首等待儿子的埃古斯远远望着黑色的船帆，以为儿子已死，痛不欲生，跳海而死。为了纪念他，从此这片海域就被人叫做"爱琴海"。

在这个动人的故事中出现的米诺斯王国和米诺陶洛斯，在古希腊史料中没有任何记载，长期以来，人们就把他们当作是臆造的神话人物。进入 20 世纪后的一连串重大考古发现，使人们对欧洲文明史有了新的认识。早在古希腊和古罗马出现前的 1000 多年，爱琴海域就曾有过高度发达的克里特文明和迈锡尼文明，而米诺斯王朝正是欧洲最早的克里特文明中最繁荣强盛的历史阶段。在克里特岛先后发掘出古都——克诺索斯遗址和其他古城遗迹，出土了大量文物，使人

一万个奥秘一千个谜

们从中看到了灿烂的克里特文明。

在克诺索斯遗址中，考古学家们发现了一处王宫废墟。它占地约 2 公顷，依坡而建，3 层结构，还有地下室。宫中有大小房间几百个，均由曲折的廊道相连接。其结构之复杂，确实罕见。专家们认为，这就是传说中的米诺陶洛斯的双斧迷宫。巧得很，不久以后，工作人员就在这片废墟中找到了双斧的标志。看来，米诺陶洛斯也不能被当作神话中臆造的形象来看了。

后来，人们破译了出土的数万块泥字板中的一块，上面的内容是：雅典进贡女子 7 名，童子及幼女各 1 名。这使雅典向克里特进贡人质的事有了证据。

1980 年春，英国考古学家又有了新发现，在克诺索斯城周围的市镇遗址中的一所米诺斯时代的房屋里，他们发掘出一些人的尸骨，上面留下的刀痕同动物被宰杀所留下的刀痕一模一样。据辨认，这 200 多根支离破碎的人骨是 8 到 11 个年龄在 10 到 15 岁之间儿童的骨头。这表明在米诺斯时代，确有食人肉的习惯。他们认为，克里特人吃人肉不是由于饥荒，很可能是某种宗教仪式。

看来，恐怖的米诺陶洛斯也不是虚构的形象，很有可能米诺斯王的某个儿子就是一个嗜食人肉的家伙。而传说中把他描绘成牛首人身的怪物，反映出人们对这个吃人魔王的憎恨。

如果能够破译在克里特岛上发现的线形文字，那么，很可能会从那些古代文献中获得更直接的证据。

（赵立军）

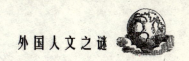

谜一般的玻利尼西亚人

玻利尼西亚人是个航海民族，他们生活在太平洋东部海区散落着的小岛上。这些小岛在蓝天碧水之间，就像一串串镶嵌在一块巨大天鹅绒幕布上的珍珠，美丽而醒目。在这些集大自然之精华的岛屿上生活的玻利尼西亚人，在悠久的历史发展过程中形成了具有民族风格和鲜明特色的文化传统和艺术表现形式。除了征服海洋之外，他们主要是从事农业和渔业生产。

使玻利尼西亚人闻名于世的是他们卓绝的航海能力，他们是当之无愧的"天之骄子"。从古到今他们一直驾驭着海洋，这使历史学家们深感难以理解。他们的航海本领成了人们不停探讨的一个谜。

早在 1000 多年前，玻利尼西亚人就已经掌握了熟练的航海技术。借此，他们在广阔的太平洋海域纵舟驰骋，开辟了一座又一座荒岛，使他们的生存区域扩大到现在的北至夏威夷、南抵新西兰、东到复活节岛面积达 12 万平方千米的大三角区域。而且他们早期的航海活动本身就是一个奇迹。他们在没有指南针、望远镜的古代，仅凭着代代相传的经验和简陋的船只就能跨洋过海。在哥伦布发现新大陆前很早的时候，

玻利尼西亚人就已抵达美洲大陆。要知道，他们是一个没有文字的民族，创造这样的奇迹，比其他发达的民族更难。人们很难想像，在茫茫大海的狂涛骇浪中，他们怎样确定航向？怎样维持生命？难道是凭着某种神奇的记忆力和感应能力？

玻利尼西亚人本身也是一个谜。至今，史学界和人类学家还没能搞清玻利尼西亚人来自何方，和哪个民族有血缘关系。

有人认为，他们来自北美，和那里的土著印第安人近血缘。

也有人提出，玻利尼西亚人是沉没的古大陆上的幸存者，他们现在生活的岛屿就是沉没在海洋中的古大陆上的山脉露出水面的部分。

还有人说，玻利尼西亚人来自亚洲。

而玻利尼西亚人则说自己的故乡是在西部，是大风把他们刮到了太平洋水域。他们所说的西部，就是中国的南方和印度支那地区。现代科学证明，玻利尼西亚人的确与南亚联系密切。

大多数现代学者都认为，玻利尼西亚人的远古祖先大约是在公元前 1200 年左右，从斐济驾船出海到达汤加群岛的，他们的海上生涯也从此开始。随着时间的缓慢推移，他们不断地把他们的生存空间扩大到出现在他们航船前方的岛屿上。他们在公元前 1000 年左右来到萨摩亚群岛，在公元前 300 年登上克萨斯群岛，发现复活节岛时已是公元 5 世纪。此间，玻利尼西亚人还发现了塔希提群岛、社会群岛和土莫阿土群

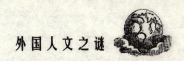

岛，而夏威夷群岛，他们征服了两次，中间隔了800多年。

但是也有人持不同看法，他们努力搜寻证据支持自己的观点，甚至亲身做航海实验。已有这样的科学家为此献出了生命。现在玻利尼西亚人的身世之谜，仍然没有终极答案。

玻利尼西亚人的历史作用也是一个颇多争论的问题。西方学者认为：玻利尼西亚人非凡的航海能力使他们在促进古代太平洋两岸居民之间的交往，沟通美洲和亚洲之间的经济、文化的联系上都起过十分重要的作用。

可是，东方学者对这种观点不以为然，他们指出：中国、印度等东方文明古国早在古代就有了相当发达的航海业，所以，难以排除其他民族参与美洲和亚洲之间交往的可能性。

勇敢的玻利尼西亚人，谜一般的民族。

（赵立军）

充满神秘感的阿伊努人

在亚洲的东方日本，有一个吸引着全世界人类学家和历史学家的谜一般的民族。它就是日本列岛上最早的居民——阿伊努人。

阿伊努人是看上去完全有别于亚洲蒙古人种的民族。他们是白皮肤、淡蓝色的眼睛、波浪形头发，很像高加索型的

白种人。

现在，他们大约有 2 万多人，生活在日本的北海道、千岛群岛以及库页岛上，以耕作和捕鱼为生。阿伊努人不仅有悠久的历史，还一直使用着古老的民族语言。"阿伊努"就是他们的民族语言中"人"的发音。

人类学家的研究表明：阿伊努人的历史可以远溯到公元前 8000～前 7000 年的远古时代。他们的语言是世界上最古老的语言之一，它和任何其他的古代语言之间都没有联系。这反映出这支古老民族相对独立的起源和发展过程。

阿伊努人源自何方？他们是在什么时候登上了日本列岛的甲他们属于什么人种？这些都是一直困扰着专家、学者们的难解之谜。

阿伊努人进入日本的时间，关系到他们是不是日本的最早居民的确认。这在日本学术界争论了很久。

根据日本古代文献的记载，日本列岛上的最早居民是虾夷人，曾居住在本州东北的奥羽、北陆地区。他们的来历和最初登岛的时间已无从查考，但是，考古研究表明，日本没有旧石器时代的文化遗迹。最早的新石器时代的文化遗迹的对应年代大约是公元前 500 年左右。所以，大家比较一致地认为，虾夷人就是在这个时间进入日本的。为了搞清虾夷人是哪个民族的祖先，人类学家通过对骨骼的各种遗传信息特征进行对比鉴定，分辨虾夷人和现代日本诸岛上各民族之间的关系。结果表明，阿伊努人是虾夷人的后代。而现在无论是人数，还是其他各方面都在日本列岛上占绝对重要地位的

"大和民族"却和华夏子孙共源同根。从这开始阿伊努人作为
日本最古老民族的地位已经稳固了。

　　那是在公元前500年左右，阿伊努人从那个现在仍然不
为人所知的地方迁入日本，主要定居在本州的北部地区。他
们的到来，使本州地区很快成为日本新石器时代文化兴盛繁
荣的摇篮。象征日本著名的绳纹文化的古黑陶就是本州最早
出产的，后来才传到九州、四国、北海道诸岛的。在日本已
出土了大量新石器时代阿伊努人用过的石斧、石镞、石锛、
石刀以及工艺制品。其中形象怪异、特征突出的女性木雕像
独具风格。根据这些文物考证，阿伊努人当时靠捕鱼和狩猎
为生，过着平和自足的原始公社生活。

　　阿伊努人的文化，在相当长的历史时期内在日本占主导
地位。在现在的日本地名中就能看到阿伊努人的文化特色。
日本最著名的富士山就是以阿伊努人崇拜的火女神"富士"
命名的。

　　后来，来自中国的移民陆续进入日本。公元3世纪以后，
本州中部兴起了他们建立的"大和国"。从此，阿伊努人地位
日下，最终在暴力强迫下沦为"大和民族"的奴隶。此后，
他们又被逐步驱出本州等中心地带，在后来漫长的岁月中又
几次被迫迁移，最终形成了今天这种居住分布情况。

　　日本一些学者现在仍然不同意把阿伊努人作为日本的最
早居民。他们认为，日本最早的新石器时代的居民并不是虾
夷人，而是以制作绳纹图形陶器而具有独特文化特征的"绳
纹人"，他们是起源于亚洲大陆的一支属蒙古人种的古老民

族。虾夷人是在较他们晚一些的时间才进入日本的。姑且不论绳纹人是否存在,这些学者实际上已经不否认阿伊努人是日本最古老的土著民族之一了。

可是,阿伊努人到底属什么种族呢?在漫长的历史岁月中,阿伊努人与日本的其他民族相互交融,致使今天的阿伊努人既有高加索型白种人的特征,又有蒙古型黄种人的某些痕迹。

有人认为,他们最初是白种人,来自一个已经消失了的神秘地方。也有人认为,他们是来自高加索地区,通过白令海峡,在日本登陆的。还有相当多的人认为,阿伊努人也是蒙古型黄种人,只是他们在迁入日本之前有过在其他地方居住造成混血的经历。不过这种观点在阿伊努人的语言纯净性面前显得有些力不从心。

阿伊努人一直是个谜,很多史学家都把他们和失去的古大陆联系到了一起。也许,真的有一天,人们找到了失落的远古文明,可能会从中找到阿伊努人的秘密。

(赵立军)

保加利亚古文明之谜

保加利亚著名的海滨城市瓦尔纳,有着绮丽的风光、宜人的气候和连绵数里的沙地海滩。它是黑海中的一颗明珠,

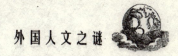

是十分吸引游客的避暑胜地。它同时又是一座历史名城。希腊人在公元前 6 世纪就已居住此地，给它起名"奥德索斯"。公元 6 世纪后半叶，斯拉夫人成为这里的主人，才有了今天的名字。很巧，这两个名字的词根都和"水"有关。它确实是得"水"独厚之城。

20 世纪后半叶，在这里发现了一系列古文明遗迹，使这座风光旖旎的古城的历史价值倍增。

原来，这里发掘出制造于公元前 4000～前 3000 年之间的大量铜器和金饰物，制造工艺相当精美。任何看到它们的人都不能不为之惊叹。

这些发现使全世界的历史学家都为之震动。它将改变人们以往对保加利亚历史的认识，把保加利亚的古代文明向前推进了几千年。

最初，大多数学者都是这样解释这刚刚发现的古文明遗迹的。他们认为，这些古代保加利亚人是公元前 6000 年左右从小亚细亚和希腊半岛迁移过去的。他们以小股移民的方式散居在巴干尔地区，以经营农业为主，在石器时代就有了较高水平的手工业生产。人们已经发现了产生于公元前 5500 年左右，用不同颜色的贝壳串连成的项链和陶器制品。到了公元前 3000 年左右，他们的社会就进入了青铜器时代，这促使手工业和采矿业发展起来，整个地区的经济和文化出现了繁荣。

可是，英国一位学者经过大量挖掘后考察和鉴定，提出了新的观点："保加利亚的青铜器时代早于爱琴海地区。这里

的居民是依靠自己的力量发明了熔冶技术。"他的观点使保加利亚古文明与爱琴海古文明、小亚细亚古文明之间成了并驾齐驱的关系。而再说古代保加利亚人是从爱琴海地区和小亚细亚地区迁移到此的，就不那么令人信服了。他们完全有可能是土生土长的土著民族。

由于发现的史料支离破碎，连贯不起来，所以，这些古代保加利亚文明给世人的印象是十分模糊的。人们从出土的精美文物中感受到了他们发达、繁荣的物质文明，但是，历史研究人员还没有找到任何线索，能说明在公元前4000年左右，古保加利亚人生活在什么样的社会形态中，更不用说去回答"他们来自何方，去往何处"这样的问题了。

在一系列重大的考古活动中，人们还发现了在公元前1000年以后长达数百年的时间里，保加利亚历史上出现的又一个重要的文明阶段。在此期间，色雷斯人的氏族部落时期，为保加利亚古文明史写上了丰富多彩的一笔。色雷斯人是古保加利亚人的延续，还是外来民族？这也都是难以回答的问题，因为在他们之间有2000多年的历史空白需要填补。

在一座色雷斯部族首领的墓葬中出土的文物里，人们看到了装饰豪华的四轮马车；佩戴着银制马具殉葬的战马；死者穿戴的全副盔甲及佩带的短剑、箭簇和箭筒。这些陪葬品显示出了色雷斯人高超的金属制造工艺。尤其是首领的头盔，它不同于希腊风格的露有两眼的铜板式样，而是依照人的五官位置雕刻而成的一副逼真的面容图案。甚至连眉毛、头发也刻得清清楚楚。为首领殉葬的夫人头戴的金制月桂树叶花

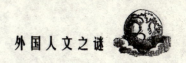

冠，工艺精湛，恐怕只有中国古代的皇冠能与之媲美。如此高超的金属手工艺品制造工艺，似乎更让人们感到了色雷斯人和古保加利亚人之间的某种联系。

色雷斯人也是神秘的。他们在保加利亚史前文化中显露风采，有很多建树，可是不知什么原因就突然地中断了他们的英雄业绩，退出了保加利亚历史。

不难看出，保加利亚的人类文明史的链条上有多处断裂，需进行大量工作，找到衔接环节。那时，一切谜可能都会真相大白。

（赵立军）

巴斯克人的传奇色彩

实际上，现在骄傲的欧洲人，无论是拉丁人、日耳曼人、盎格鲁人、撒克逊人，还是斯拉夫人都不是欧洲大陆的土著居民。现代欧洲人为欧洲大陆发展到今天这样高水平的社会文化形态作出了决定性的贡献，他们今天已经成了欧洲的主要民族成分。但是，7万多年前创造了阿尔塔米拉洞穴壁画的欧洲远古人类，也有着丝毫无愧于祖先的子孙后代。一直繁衍生息在西班牙和法国交界处，比利牛斯山脉以西地带上

一万个奥秘一千个谜

的巴斯克人，就是他们的直系后裔。

人类学的大量研究表明，巴斯克人最迟是在公元前5000年左右进入比利牛斯山脉的，而且十分有可能比这还要早得多。是他们的祖先创造了人类远古文明，这些都远在印欧人的祖先进入欧洲之前。巴斯克人不是印鸥种族，与邻近的西班牙人、法国人和整个欧洲大陆的其他民族的血缘关系，从起源上讲毫无共同之处，他们至今仍有完全独立的民族语言。正如科学家们所讲：巴斯克人是在种族、血缘、语言等方面与欧洲其他民族存有严格区别的一个特殊的民族。

关于巴斯克人早期活动的文字资料很少，可人们仍能从他们流传下来的民间传说中领略到古代巴斯克人的勇武、顽强、质朴、勤劳的风采。在世界历史中还有这样一段记载：公元778年，这支欧洲最弱小的民族在龙塞斯瓦列斯山口，打败了当时强盛之极的法国查理曼大帝的军队。这也是巴斯克人自尊自强、不畏强暴的民族风格的真实写照。

巴斯克人的历史既带有浓重的传奇色彩，也充满着一个个谜团。

考古学家们一直在探索，巴斯克人是在什么时间进入他们现在的生存之地的？巴斯克人与远古克鲁马农人之间有什么样的具体联系？他们的民族发展进程中是不是经历了什么文化变迁甲在周围大国和强大的印欧群体挤压下，他们是怎样始终保持着自己独特的文化特点的？这些看上去简单的问题，实际上是一些涉及许多人文因素的难解之谜。

在研究中学者们发现，巴斯克人在16世纪到过北美，在

现今加拿大的拉布拉罗半岛的 12 个港口城镇留下了他们的足迹。大量资料表明，巴斯克人个个都是航海家和捕鱼能手。他们在 16 世纪熟练运用的捕鲸技术和航海能力，使当今处于科学技术高度发达社会中的人们也感到震惊。从 16 世纪开始捕杀鲸鱼就已经是巴斯克人的谋生手段了，这使学者们感到十分困惑。

巴斯克人的航海业为整个欧洲的进步作出了巨大的贡献。尽管他们人数很少，可是在 15 世纪末 16 世纪初的欧洲大规模移民活动中，在著名的环球航行发现美洲的故事中，都能看到巴斯克人作为航海能手在起着主要作用。

巴斯克人也和他们的祖先一样，是杰出的艺术家。考古文物中巴斯克古老艺术品的精湛工艺证明了这一点。

许多欧洲学者仍在孜孜不倦地致力于研究谜一样的巴斯克人，他们的民族历史中似乎隐含着人类发展秘密的重要内容。

（赵立军）

一万个奥秘一千个谜

神奇的峭壁建筑

美国科罗拉多州的梅萨维德地区现在已经被开辟为国家公园。因为在这儿的沙漠、峡谷之中，有一片神奇的建筑群

落。从它被外界发现开始，就吸引着无数学者、游人。他们有的前来考察，有的前来观光，也有的是来这里凭吊。这些神奇的建筑就是北美著名的文化遗址——印第安人阿纳萨扎伊部落的峭壁建筑群落。他们的所有建筑都修在峭壁之上，这足见他们文化习俗的奇特。

阿纳萨扎伊部落在 13 世纪遗弃了这片生存之地，不知去向何方。人们面对着空荡荡的古建筑群时，总不免感到神秘。

据考证，这个神秘的印第安部落从 2000 多年前就开始在这里修建他们的居住地。到了公元 1050 年，他们就已经在这里建成了 12 座城镇。从那时起，这里成了这个部落的宗教、政治、商业中心，是一个具有 5000 多名居民的核心居民点。

虽然这个北美印第安人的古代聚居地已经被废弃了 700 多年；但是，建筑物并没有遭受太大的损害。今天的人们仍能领略到它当年的风貌，也能直接感受到阿纳萨扎伊人无愧于"峭壁居民"的称号。

今天人们看到的峭壁建筑共有 500 多幢。其中，被称为"峭壁王宫"的最大建筑物，约建成于 11 世纪。它有 200 个房间，是用了几十万块扁石头和 2 万多条松木十分考究地修建起来的。所有石料都凿打得有棱有角，石块之间用一层薄泥加固，这种建筑物外观上很像现代的公寓。它也有 2 层、3 层、4 层等不同形式。

在峭壁王宫的周围，盖有许多地下室。这些地下室都是圆形的屋子，人们称它为"凯沃"。每一间"凯沃"都有一个用木料拼成的蜂巢形顶盖，顶盖的最上端塞满了土块和碎石。

唯一的入口是屋顶上的豁口，人们通过它攀梯上、下。屋内的地上都有一个神洞，专供冥界的精灵们出入。每间"凯沃"都有一条向室内导入新鲜空气的石管。考古学家们认为：这种地下室是供部族内部进行社交活动和敬神用的，居民的炊事和其他家务活动则都是在露天庭院中进行的。

在这里名列第二的峭壁建筑被称为"云杉木屋"，建于12世纪。它有100多个房间，而且是建在悬崖峭壁之上的。前去参观它的人都必须攀登一道令人怵目惊心的长梯才能登堂入室。

在这些建筑中还有专门用于敬神的太阳庙以及阳台屋、雪松塔、落日屋、方塔屋、回音室等等。这些小建筑都和周围环境搭配得很和谐，成为这里的自然景色中不能缺少的部分。

在峡谷两侧的坡地上还保留着峭壁居民开辟的梯田，谷底有他们修建的水池。在这里还发现了一些由他们制作的各种造型精巧、黑白纹的陶器。

许多考古发现表明：阿纳萨扎伊人的创造力十分丰富。他们没有文字和计算方法，可他们同样可以成为出色的天文学家。在峭壁上留下的抽象的壁画和人们在谷中发现的他们用绿松石、贝壳制成的精美饰物，都表明他们的文明程度也相当高，工艺水平堪称一绝。

大量考证表明：阿纳萨扎伊人体魄健壮，身高也不低于同时代的欧洲人。

这就使人难以理解，这些具有发达文明和健壮体魄的人

们，为什么要选这样一个频频发生旱情的荒凉的峡谷作为本部落的生存之地？为什么要把房屋都修建在峭壁之上？后来，又是什么原因使他们放弃了这块世代居住的地方？

这些都是人们一直在探寻，也一直没有找到答案的疑难问题。

（赵立军）

美洲印第安人源于中国吗

1495 年 10 月，哥伦布第一次到达巴哈马群岛中的华特林岛，之后他向南航行，又发现了其他一些小岛，他以为这些地方都是印度的一部分，于是把当地的土著居民称为"印第安人"（意为印度的居民）。虽然哥伦布的这种称呼是错误的，但人们用习惯了，一直也就没有去纠正。

印第安人是美洲最古老的居民，然而美洲并不是人类的发源地，不具备从猿到人进化的条件。至今在美洲还没有发现古猿，或早晚期猿人，甚至早期智人。因此一般人认为，印第安人并非美洲大陆固有的人种，而是从外地移入美洲的。

那么，印第安人是从哪儿移入的呢？

对这问题的答案，众说纷纭。但比较一致的看法是：古

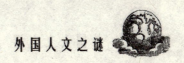

代美洲印第安人的祖先源于中国。

科学家们发现：美洲原始居民，皮肤黄褐色，头发乌黑、干直，身上和脸上汗毛稀疏，鼻子高矮适中，眼睛为黑色或栗色，这同黄种人的外貌特征相符；印第安人的语言与中国人的语言也有一点点近似之处，有的语言学家甚至认定，美洲印第安人的语言属于汉藏语系；古代美洲印第安文化与古代中国文化之间有一定的渊源关系，反映在它们的远古历史文化的发展曾有过许多相同或近似的地方。比如，美洲天龙的形象特征与中国龙相似等……总之，科学家们从不同角度肯定了这种观点：古代美洲印第安人源于中国。

然而，美洲与中国之间相隔着波涛滚滚的汪洋大海，古代中国人是怎样进入美洲的呢？

原来，亚洲东北端同距离最近的北美洲阿拉斯加之间横着一条水域——白令海峡。海峡两岸相距不远，最宽处只有65千米，最窄处仅35千米；海峡水域也很浅，一般只有42米左右。地质学家考证，在地质年代的新生代第四纪最后一次冰期来临时，海平面下降了150～200米，这样海峡底部陆地就露出来，成了连接亚洲与美洲两大陆的陆桥。

科学家们猜测，大约在5万年前，古代中国人正是通过这条陆桥进入美洲，成为美洲印第安人的祖先。之后，他们由北向南散居，经过漫长的岁月，逐渐分布于美洲各地，并且形成了具有不同文化、风俗和语言的部族。

（刘宜学）

伊特鲁里亚人来自何方

古罗马文明是欧洲现代文明的重要源泉之一，文艺复兴运动是推动欧洲文明迅速进步发展的重要历史条件，两者都是在意大利半岛上孕育产生的。这就使它们的发祥地在世界上享有盛名。

实际上，早在孕育产生古罗马文明之前，意大利就已经有了发达的人类文明，而且这些早期的文明对后来植恨于这片土地的古罗马文明产生过深远的影响。创造意大利史前文明的人就是谜一样的伊特鲁里亚人。

伊特鲁里亚人在意大利半岛上繁衍生息的历史，可以追溯到公元前1000年左右。这是一个极富传奇色彩的民族。他们不属于印欧语系，有独特的民族语言。现在还没有人搞清楚他们来自何方，只是知道他们最初活跃在今天的意大利的北部区域。公元前8世纪左右，他们的社会就已经进入相当发达的时代，达到了十分繁荣的程度，已经建立了伏拉特里、泰尔凯尼、克鲁苏姆等12座城市，与希腊、北非和西亚的一些古代国家开始了海外贸易活动。公元前6世纪，伊特鲁里亚人的社会发展进入了鼎盛时期。他们以托斯卡纳地区为中心向外扩张，控制了意大利半岛的中部和西部。他们不仅征服了罗马城，连科西嘉岛也在他们的控制之下。

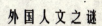

由于伊特鲁里亚人与希腊人和北非的迦太基人之间有密切的经济、文化往来，所以，在他们不断发展繁荣本民族的文化过程中，吸收了这些来自外部的影响。

伊特鲁里亚人没有给后世留下史书文献，可是，却留下了大量的墓志铭。这些文物使人们看到了他们的独特文字。他们的文字中虽然有一些字母十分接近希腊字母，但是很明显，它们不是同源文字。伊特鲁里亚语言也全然不同于目前已知的任何古代语言。这都说明他们是一个有着独立起源的民族。

从发掘出的伊特鲁里亚人的墓葬中，人们看到了一个与古埃及和古希腊文明同样光彩照人的艺术世界。各种制作精美、造型奇特的彩色陶瓶令人叫绝。这些陶瓶上的图案由红、黄、蓝、灰、褐、黑、白等多种颜色构成，色调凝重，配色和谐，线条运用得十分自如，构图也很精心、讲究，内容、体裁更是不拘一格。人们通过这些精湛的工艺品不仅能领略到伊特鲁里亚人高雅的艺术境界，还能从中了解他们的社会生活和文化风情。在一个两耳细颈的酒罐上，生动地描绘了一次体育盛会。它描绘出爬竿、拳击、赛马、投掷等比赛项目，还有为比赛的武士助威的乡民们，欢歌起舞的女孩子们。这些都简洁、生动地表现了隆重、壮观的场景，极富感染力。

历史学家是这样描述伊特鲁里亚人的："他们豪爽而勇猛，热情奔放。他们的社会生活十分丰富，爱好体育、音乐、舞蹈、习武、狩猎和盛宴，经常举行大规模的庆祝集会。他们的社会习俗是男、女平等，而且尊重妇女。他们还十分注

重和乐于保持男女之间热烈而真挚的情感，这些都和其他古代民族不一样。他们在城市建筑、工艺水平、政治管理、军事组织、宗教礼仪和服装设计等许多方面，靠自我创造取得了在当时可算是十分辉煌的成就。"

伊特鲁里亚人的衰落是由于印欧语系的克里特人不断迁入意大利半岛而造成的。公元前6世纪以后克里特人建立的希腊城邦逐步强盛并且向外扩张。到了公元前4世纪，伊特鲁里亚人彻底衰落了。

现在历史学界仍然十分关注这个具有独特文化色彩的欧洲古老民族的起源。

古希腊史学家希罗多德认为，伊特鲁里亚人是来自小亚细亚吕底亚地区的部落民族。

在他之后的另一位希腊史学家狄奥尼斯奥斯提出了相反的意见，他认为伊特鲁里亚人是意大利半岛上的土著民族。

19世纪以后，有人提出一种新观点，认为伊特鲁里亚人是从中欧向南越过阿尔卑斯山进入意大利定居的，因为中欧的考古新发现中有和伊特鲁里亚人相似的文化习俗。

各种观点都太多了些推测。如果能破译伊特鲁里亚人的文字，那么或许能从他们留下的墓志铭中找到谜底。

（赵立军）

卡巴杜西亚之谜

　　在土耳其首都安卡拉东南约 300 千米的地方，有一面积近 4000 平方千米的高原，人们称它为"卡巴杜西亚"。它是由远古时代的 5 座火山喷发出来的火山岩形成的。在漫长的岁月中，大自然的神奇力量把这里的火山岩切削成几百座金字塔形状的岩柱、山峰，它们伴随着无数悬崖、深谷构成了这里荒凉不毛、毫无生息的自然景观。在这片没有生机的岩石世界中，人们发现了一个奇迹。近千座依山傍石而建、年代古老的洞穴教堂和不计其数的洞穴住房构成了一个神奇的世界，其中有许多房屋延伸到了地底下。这些神秘的古建筑群被发现时，已经被废弃了许久，但是，从它的宏大规模上可以看出：这片荒凉的土地上曾经有过繁荣的人类社会。可是，至今为止谁也不能说清楚这些蔚为壮观的迷宫式建筑是什么人的杰作，建造于什么时间，它们被遗弃的真正原因和准确时间。而各种建筑的奇妙造型和独具的艺术特征，使这里充满了童话色彩，人们因此而称之为神秘的"卡巴杜西亚"。

　　在这里的戈雷梅谷，每一座山岩都被挖空，里面建有教堂，建设者们把岩石巧妙地挖凿成带有穹顶、圆柱和拱门的

十字形状。在洞壁、穹顶和圆柱上面都装饰着民间传说和西方宗教题材故事的壁画。这是在告诉今天的人们，创造这些建筑奇观的人具有西方文化习俗。

在泽尔弗峡谷两边的悬崖上，到处都是修道院建筑。有礼拜堂、斋堂、厨房和卧室。屋子里的祭坛、餐桌、椅子、床以及各种其他家具都是用石头制成的，极有特色。

在卡巴杜西亚南部荒凉、幽静的伊拉拉谷地，沿河流丽岸高达 150 米的石崖上，也密布着小教堂、神龛和修道院，绵延 10 千米。这些宗教建筑中也都装饰着色彩鲜艳的圣像。

从这些建筑物的浓重宗教色彩中不难看出，这儿曾是一个集中的宗教活动中心。

在这里人们发掘出 63 处地下城镇。可是，据考古学家们估计，已经发现的地下城镇只是整个建筑群的一部分，还有 40 多处这样的地下城镇没有找到。德林库尤村的地下城，入口就像是井口，地下的建筑分 8 层，有梯子上下相通。里面住宅、礼拜堂、水井和贮藏室等一应俱全。有 50 多个通风管道保证这里的空气流通，里面还建有墓地和通道。这片建筑群可容纳上万个家庭居住。距这个地下城镇 10 千米的凯梅克里小村附近也有一个同样规模的地下迷宫。一条地道连接着这两个地下城镇，真是神奇之至。

考古学家们推测，创造这些建筑奇迹的人们是来自别的地方，他们为了躲避天灾人祸，才来到这里。在这儿，他们先开采石块建造房屋，接着，又挖凿洞室。建造这些建筑最初都是为了生存，后来，基督教兴起，以君士坦丁堡为中心

的拜占庭帝国建立，使卡巴杜西亚进入了繁荣兴旺的黄金时代。这儿的居民成为虔诚的皈依者，许多基督徒也来到这远离人烟的山中修身养性。这就使教堂建筑和洞穴系统非常迅速地发展起来，形成了最后的规模。

后来，信奉伊斯兰教的奥斯曼帝国摧毁并且取代了拜占庭王朝。从此，基督徒被视为异教徒，卡巴杜西亚的居民就不得不从这里撤离，这里开始冷落了，最终被废弃了。人们遗忘了这块地方，岁月使它荒芜了，洞穴也被湮没了。人们在地图上都找不到它的名字了。

考古学家比较合理地解释了卡巴杜西亚岩穴建筑的来龙去脉。可这仅仅是推测，人们没有找到任何文字资料和文物线索。卡巴杜西亚的居民来自何处，去往何方？他们为什么没有把卡巴杜西亚的秘密传喻给后代？这些都还是待解之谜。

（赵立军）

难以寻觅的印加金宝藏

古印加帝国是 14～16 世纪出现的印第安文明，它的版图包括了今天南美洲的哥伦比亚、秘鲁和阿根廷大部分地区，是一个组织严密、管理有方、繁荣和平的国家。印加人崇拜

太阳神，因此，在生活中大量使用黄金，用它装饰神庙和宫殿，也用它作饰物和日常用品。印加人认为黄金象征着太阳。据史料记载，印加人从公元 2 世纪就开始收藏黄金，南美又是重要的黄金产地，人们考证：当 16 世纪西班牙人摧毁印加帝国时，如果把印加全国的黄金加到一起，其价值相当于当时除印加之外，全世界的金银财宝的总和。而印加帝国是在相当强大的时候，在很意外的情况下，被不到 200 名的西班牙殖民者毁灭了。

1532 年，佛朗西斯科·皮萨罗率领的西班牙殖民军侵入了印加帝国的卡哈马卡城。虽然他们不足 200 人，可是，却用欺骗的手段抓到了印加皇帝阿塔瓦尔帕，这使强大的印加帝国无法组织有效的抵抗，数以千计的印加人遭到屠杀。后来，皇帝得到了皮萨罗的许诺："如果用黄金填满关押他的牢房，他可以获得自由。"这是一间 115 立方米的房间，填满它要用 40 万千克黄金。昏庸怕死的阿塔瓦尔帕竟然答应了这个条件，他的臣仆很快就送来了 5 万千克黄金，可是，皮萨罗怕皇帝自由后会组织印加人反抗他的侵略，就违背诺言，残酷地绞死了阿塔瓦尔帕皇帝。正奔驰在为皇帝赎身而运送黄金的路上的臣仆们听到这个消息后，迅速地把黄金藏匿起来，连预先交来的也被转移了。

此后，皮萨罗的殖民军一路烧火掠夺进入了印加帝国的首都库斯科城。皮萨罗的兄弟在日记中描述了他们的见闻："尽管印第安人已经把大量出色的金银器皿都带走了。可是，呈现在我们面前的金银器皿仍然使人目瞪口呆。我们还发现了一尊金塑像。印第安人痛心地对我们说，那就是印加人的始祖像。在城郊某处还发现了一些金螃蟹和一些装饰着鸟、蛇、蜘蛛、蜥蜴和其他昆虫的金器皿。一个印第安人还向我们提供了一个情况，说是在维拉贡镇的一个洞穴里藏着大量金板。可惜，这个印第安人几天后就失踪了。"这表明皮萨罗他们没有空手而归，但是，大部分印加财宝都被隐藏起来了。

这些线索和消息，刺激了欧洲各国的探宝狂，他们不间断地寻找这使人垂涎万分的印加宝藏，可是经过几百年的时间也没有什么收获，这笔巨大的财富好像突然间消失了。

近年来史学家也肯定地说：印加人的习俗和传统一定会驱使他们隐藏其祖先的金银财宝。这些被隐藏的财富，相当于秘鲁金矿从 16 世纪到 1803 年开采的黄金的价值总和，是一个巨大的数字。

尽管巨大的财富十分诱人，可是藏金之地到底在哪儿呢？

最初有人说：金银财富被沉没在面积达 8290 平方千米的的的喀喀湖。它位于现今秘鲁和玻利维亚交界处的安第斯山脉中。这里是印加人崇拜的太阳神和月亮神之子下凡的"圣地"，可是，西班牙人在这里搜寻了近 10 年，一无所获。

后来，又有人提出：库斯科北面的萨克萨伊瓦曼要塞有神秘的地道，财宝就藏在那儿。在这个石料垒就坚固无比的著名的军事建筑中，寻宝人连地道口也没有找到，无功而返。

最后，人们寄希望于印加帝国大后方的马丘比丘古城，认为它最有可能成为印加人的藏宝之地。可是，它也太神秘了，西班牙殖民者和欧洲各国的探险家们找了约 300 年，也

不见这座古城的踪影。

1911 年，英国历史学家海勒姆·亚·宾厄姆意外地在乌鲁班巴河上的两座山峰之间发现了这座美丽的古城。可是，它除了向世人展示灿烂的印加古文明外，没有给寻宝者带来什么福音。

尽管这些印加金宝藏屡寻不获，但是，又不断有证据表明它确实存在，所以，直到现在仍然有很多人还在坚持不懈地搜寻着。可能会有那么一天，这些金宝藏将被发现，从而使世人更加了解印加古文明。

（赵立军）

一万个奥秘一千个谜

下落不明的无价珍宝——琥珀屋

琥珀屋，是一幢完全由活动镶板拼装的豪华居室。它的所有镶板都是用上等琥珀精制而成的，所以得名"琥珀屋"。它共用了 36 吨琥珀制造，价值 5000 万美元。制造者为了增加室内的亮度，在所有的琥珀板上装饰了银箔，这更使它成为堪称一绝的世界级珍宝。

它的建造者是以追求豪华生活而闻名于世的普鲁士国王腓特烈一世，它于 1709 年建成。1717 年腓特烈一世为了感谢俄国的彼得大帝打败瑞典，为普鲁士除却了心头大患，也

是为了获取俄国的保护，就把这件稀世珍宝连同一艘豪华游艇一起送给了沙皇。

彼得大帝不久后就逝世了，继位的叶卡特琳娜女皇接受了这件珍宝。她把琥珀屋运到查斯科耶西洛，安装在皇宫内。为了抬高天花板和增加门窗，原来的琥珀板就不够用了。俄国的设计师又特制了一些窗间镜，它们的豪华精美更使琥珀屋的神韵倍增。

1941年，在第二次世界大战中，德国军队以闪电战迅速攻陷了查斯科耶西洛，占领了叶卡特琳娜的皇宫，来不及转移的珍宝琥珀屋落到了德国军队手中。德军立即把它拆卸装箱运回哥尼斯堡，仍旧安装在普鲁士王宫原来的地方。

1945年，法西斯德国战败前夕，苏军攻入东普鲁土地区后不久，琥珀屋又一次被拆卸然后装上车，由希特勒的军队押运转移。从此，琥珀屋就在这个世界上销声匿迹了。

战后，前苏联政府为了寻找琥珀屋的下落，专门组织了调查委员会。这个委员会进行了长期、大量的调查，可是，琥珀屋就像是从地球上消失了一样，难以找到。

1949年，一位德国人提供消息说，琥珀屋被沉在波罗的海的海底。在他的指引下，委员会组织了打捞工作。搜索队捞出来17个大箱子，可是十分遗憾，里面装的并不是琥珀屋。

二次大战刚结束，委员会就找到了一直为纳粹德国经手管理琥珀屋的德国考古学家罗德博士，想从他那儿了解到琥珀屋的线索。委员会像对待所有科学家那样对他以礼相待，

可是，就在他似乎想说点什么时，就和他的妻子一道暴病身亡。

委员会寻找琥珀屋的工作一直没有停止，这期间得到了许多人的热情帮助，其中也包括许多德国人。他们提供了很多线索，使寻找工作不时地出现希望，可是又一次次失望，一直没有找到。后来，一封德国人的来信，使人们对琥珀屋仍完整地存在于世上充满了信心。

这位名叫鲁道夫·林格尔的德国人在信中提到了他的父亲，一位在战争中当过希特勒卫士和秘密警察的德国人。这位名叫乔治·林格尔的德军上校，掌管着一支由中央帝国安全局直接领导的特种部队，主要活动在德国国内和被德军占领的外国领土上。信中不仅提到这位林格尔上校在战争中得了不少勋章和奖章，还讲述了林格尔上校和琥珀屋发生过的一段关系。从信中的内容可知，林格尔上校和他的特种部队直接执行了藏匿琥珀屋的任务。他们是根据德国中央帝国安全局的命令转移和藏匿琥珀屋的，而且，很显然，琥珀屋是被藏匿，而不是被销毁了。

这封信的最重要价值是其中附带着 3 份证明信的原始文件。这就使信中叙述的内容成为值得相信的事实。

这些文件表明，琥珀屋正藏在德国某城市中的一个旧地下室中，地面部分已经被炸毁并进行了伪装。现在，时间已过去了几十年，又没有具体的地址线索，看来，寻找起来也是十分困难的。真是一失落踪迹再难寻。

（赵立军）

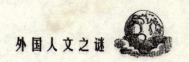

神秘的"喷物洞"

在加拿大哈利法克斯市东部大约 70 多千米的地方，有一座名叫"马洪拜"的小岛，岛上有一个神秘的深坑。它形如圆锥形的螺蛳壳，直径有 300 米左右，坑的内侧砌有护壁。从 1795 年被人发现起，这个坑里就不断地冒出一些古物和财宝。其中有古币、剪刀、金箔、线团、盔甲、短剑、宝石、耐水木料和首饰等等，人们称这个神秘的深坑为"喷物洞"。它使一个难以引人注目的小岛，成为不少科学家关注的地方。

1797 年夏天，一位名叫丹尼尔·马克吉尼斯的加拿大青年，在树林中散步时无意中发现一个小坑旁边有几枚古币和一把小剪刀，他好奇地用树枝向下挖了挖，又有一些物品从土中喷出来。这使他感到十分惊奇。于是，他找了一些人在这里开始挖掘。每向下挖一点，都会有所收获，虽然不是巨大财富，但是却吸引着人们继续干下去。挖到 10 米深处，遇到了一层木制平台，阻挡了人们继续下挖。这是一个用防腐木料制成的平台，仍然很结实。他们费了很大的劲才拆除了它。他们一直再向下挖了 30 多米深，每隔 10 米，就遇到一个防腐木平台，他们一共又拆除了 3 层这样的平台，工程太艰巨了，可是平台的出现更诱发了人们的探宝欲望，下面很

可能是人类的宝藏，或隐藏巨大秘密的地方。可他们实在已无力再往下挖了，发掘这个坑洞的工作就被搁置起来。一晃就是 8 年，另一位加拿大人西米昂·林德斯联合丹尼尔·马克吉尼斯组织了一支 20 多人的探险队，又到这里继续挖掘，他们完成了巨大的工程量。挖到 90 米深处，遇到了一块盖在下面坑口上的石板，上面刻有"深渊的下面埋着举世无双的珍宝"的字样，这使掘进者们兴奋极了，感到胜利在望，"喷物洞"就要揭秘了，而且很可能将会获得巨大的财富。然而，他们又往下挖了不久，地下水湍急地喷涌而出，坑口瞬间就被水淹没了。人们只能空怀希望，望水兴叹。谜，又没能解开。

又过了近半个世纪，法国人组织力量再探此洞，他们避开原洞口，试图从周围挖坑道接近水下的深洞。他们从"喷物洞"东侧 100 多米处的砾石地带开始下挖，一干就是几十年，所有的尝试都没能接近深坑，地下水仍然是他们的拦路虎。可能是被他们这种持之以恒的努力所感动，地下深处传递给他们又一个重要的信息。1897 年的一天，波浪将一张油纸从法国人挖的坑道中浮上水面。人们从这张纸上看到了"威廉·基德"的字样，这使水下的财宝有了线索。威廉·基德是一个世界著名的大海盗，一生作案无数，1701 年被英国政府捕获后处死。他死前曾多次求饶，愿意以巨额财富换取生命，但他的请求都被断然拒绝了。看来"喷物洞"底就是他的藏宝之处。这使这个神秘的坑洞更加诱人，因为据权威人士估计，这里埋藏的威廉·基德的财宝总价值达数十亿美

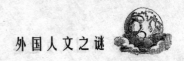

元，只是现在人们仍然没有好的办法挖到下面的宝藏，而科学界则更着迷于研究这个地方原来为什么会发生往上喷物的现象。探险者们仍然没有放弃这个神秘的"喷物洞"。

（赵立军）

"石棺涌泉"之谜

法国有一个名为阿里伏尔特什的小村庄，面积很小，人口也不多，可是，它却成了一个游人不绝的名胜之地。其中的奥秘是因为村中有一个神奇绝伦的石制棺材，吸引着各国的研究者和旅游者。

在小村里有一座古教堂，离它不远的地方，有一个稀奇古怪的洞穴，使小村闻名于世的奇怪石棺就放在洞穴中。它是一具长 1. 93 米，用整块大理石精凿细刻而成的精美石棺。根据石棺上凿刻的文字记载，它制作于 1500 年以前。公元 960 年，人们用这具石棺盛殓了波斯公爵桑特兄弟——阿卜硕和圣南，他们的遗体是专门从罗马运到这里的。盖棺之时，有人别出心裁地在棺盖和棺体之间凿留了一个小孔，并且安置了一根铜弯管，可能是为了表达对棺中死者的某种怀念和尊重之情，让死者通过管孔仍能呼吸到人世间的空气和听到

人世间的喧闹之声。

可是，后来发生了令人难以理解的现象。几年后的一天，一股清泉突然从石棺内向外流出。从此以后，年复一年，日复一日，涓涓细流，再未终止。平均每天的出水量达400千克，甚至在大旱之年，石棺清泉也不曾断流。

为什么会出现这种现象呢？棺中的遗骸是不是还在？这些水浸泡着对骸骨是不是有害？人们都非常想知道这些问题的答案。开棺检验，由于石棺密封得很严，无法做到。毁棺检验，又可能毁坏这神奇的一切，无论从历史价值还是从科学价值上讲都不被允许。可是，人们曾反复地化验石棺清泉的水质，结果都表明，泉水纯正无味，也没有有害物质。

第二次世界大战中，德国法西斯占领了法国，这个小村也未能躲过劫难。法西斯的士兵们闯进村里胡作非为，他们在这具石棺上乱倒污水和脏物，时间不长，石棺清泉就停止了流淌。

战后，村民们彻底地洗刷了石棺。神奇之极，泉水又开始涌出，直到现在仍流淌不绝。

为了揭开石棺流水的秘密，1961年7月法国格勒诺布市两个工程师来到小村进行探秘。他们对石棺进行了多方面研究，提出了一种解释观点：地下水、雨水不断地渗入石棺，加上石棺从空气中不断地吸收湿气，形成了棺中不竭的水源，所以石棺不停地向外喷涌着清泉。为了验证他们的观点，他们请人用砖将石棺垫高、驾空，又将石棺用塑料薄膜严密地包裹起来，防备有人向棺内灌水制造假象。他俩轮流亲自守

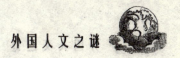

护在石棺旁边，他们一直坚持了 40 多天，可是，泉水一直也没有减弱，更没有停止。无奈，他们只好承认自己的失败。

1970 年，英国的《泰晤士报》公开悬赏 10 万美元，寻求探秘者。美国和欧洲各国的科学家纷纷响应。到现在为止，已有来自美国和欧洲共 19 个国家的 100 多位科学家光顾阿里伏尔特什小村，他们使用各种各样的方法和科学仪器设备进行研究，可是，都徒劳无功，直到今天仍没有破秘之人。阿里伏尔特什村仍以它的神秘吸引着天下游客。

（赵立军）

复活节岛——首屈一指的世界谜岛

在太平洋东南部，距智利西海岸 3790 千米处的海面上，有一个三角形的小岛，这就是举世闻名的谜岛——复活节岛。它的面积大约有 117 平方千米，岛上遍布火山，海岸陡峭，地势险要。

1722 年荷兰航海家雅各布·洛吉文在复活节那天登上此岛，小岛故而得名。

实际上这个海岛原来被当地人称做"拉帕努伊岛"，意思是石像的故乡；也有的解释为"地球脐部"或"地球中心"。

说它是石像的故乡倒是名副其实，在岛的四周有 600 尊面对大海的巨大半身石像。这些石像都是用整块火山岩雕刻而成的，一般为 7～10 米高，几十吨重。它们分组整齐地排列在长形石座上，每个石座一般安放着 4～6 尊石像，最多的排放了 15 尊。这些石像造型古朴、生动，它们都是长脸、高鼻、深目、长耳垂肩和前突着嘴的造型。这些石像一双长手放在肚前，朝着无边的大海远眺，一副茫然若失的神态。

这些巨石人像就是使复活节岛闻名于世的原因所在。

科学家们一直在倾力研究，这些神秘的巨石雕像是什么人制作的，为什么目的而作，是怎样完成的，可是至今仍没有什么结果。

岛上现在的居民大多数是玻利尼西亚人，有 2000 多人，大部分居住在西岸的安加罗阿村。他们的相貌特征和巨石人像毫无共同之处，而且他们也说不清楚石像的来历。

但是，仍有学者认为：岛上现在居住的玻利尼西亚人的祖先是这些巨石雕像的创造者，他们是为了颂扬本民族先驱的业绩而刻制这些石像的。可是这些学者的观点说服力不那么强。

现在，岛上的考古研究已经取得了巨大进展。学者们已经发现：在玻利尼西亚人之前，岛上曾经有另外的民族居住过。他们有文字，外貌特征也很可能和玻利尼西亚人不同。他们是被后来者通过战争消灭的，他们很有可能是石像的创造者。只是人们现在还无法知道他们是一些什么人，从什么地方来。

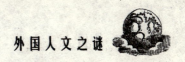

在岛南部的奥龙戈地区人们发现了刻在巨石上的象形文字，还有一尊鸟人像。另外，据说岛上早些时候还发现过许多刻有图案和文字的木板，只可惜，它们早就被各国殖民者掠走，难以寻找了。

那些象形文字，现在还没有被破译出来，可是，它们却从一个侧面证明：复活节岛上曾有过使用文字的民族，但绝不是玻利尼西亚人。

了解复活节岛已经消失了的过去是困难的，搞清这些石像是怎样树立起来的也不易。这些石像太巨大了，有一尊石像竟重达 200 吨，仅一顶帽子就重 30 吨。如果它们真是地球人的杰作，那么，古代复活节岛的居民是怎样把这些巨石雕像竖起来的呢？即使这项工作不是人力所完成的，也是十分艰难和耗时的。而复活节岛上有着数量如此多的石像，这是为什么呢？一些迹象表明，这些石像都是成批制造、成批完成的。在岛上的东南部，人们发现了 300 多尊尚未完工的巨像，很显然，创造者们是突然地停下了他们的工作的。在拉诺拉拉库火山，人们又发现了 40 多个神秘的洞穴和许多尚未完成的雕像。如此巨大的工作量得需要多少人同时工作？岛上过去有那么多人吗？

这许许多多的谜至今还没有被解开。尽管有些学者提出了各种各样的推测，可是，这些观点不仅缺少实证支持，而且大多数都经不住推敲。所以，复活节岛还是名副其实的世界级谜岛。有志者仍然有机会成为世界之谜的揭秘人。

（赵立军）

一万个奥秘一千个谜

神奇的纳斯卡巨画

20世纪30年代，一位驾机飞越秘鲁南方安第斯山脉上空的飞行员，从空中俯瞰纳斯卡平原。他突然看到了一幅奇异的图画。在布满褐色碎石的广阔原野里，有一些在高空看得十分清晰、醒目的图画。画中的图案虽然各不相同，却有着相同的艺术特色。他的发现很快震动了史学界。一时间，许多考古学家亲自实地进行考察。他们借助现代化的交通工具，从地面和空中全方位地勘察。他们发现这些巨大的图画，是由地面上的一些长则几千米，短则几百米，宽窄不一的沟壑和堆石组成的。那些线条有序地构成一些大大小小的三角形、正方形，以及用变化奇妙的螺旋形线条配合那些几何图形，构成蜥蜴、蜘蛛、章鱼、猴子、鸟和花木的图案。

这些巨大的图画是谁创作的？为了什么目的？是怎样创作了它们？这些都是十分难以回答的问题。史学界把纳斯卡巨画称做"世界第八奇迹"。

创作这些巨画，不仅对于古人，就是对现代人来说，也是相当困难的。专家们发现有的线条绵延5千米，笔直地通到一座山脚下，然后从山的另一侧完美地对接上，继续延伸，就像是一条直线从山底下不弯曲地穿了过去。这说明作画者

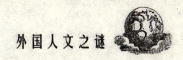

的视点不是在地面上，而是在足以同时看到山两侧的高空中。现代人倒是可以借助直升飞机和热气球这样做，古人是靠什么呢？

经考察，这些巨画完成于公元 200～300 年之间。那时，这一地区倒是曾经出现过繁荣的摩奇卡文化。不过，他们也不过是处于青铜器时代和冶铁时代交替的历史阶段，是处于原始的社会状态下。难道那时他们就已经掌握了垂直升空的技术手段？那太不可思议了。

有人提出，这些巨画是天外来客的作品，那些笔直的沟壕就是飞船降落的跑道，其他图形很可能是提示用的标记。

可是，一些学者经过对巨画的认真研究后提出：巨画中出现的图案与纳斯卡出土的古代陶器上的图案基本上一致。这就说明巨画的作者就是曾经生活在这块土地上的古代居民。他们认为，巨画可能是古代纳斯卡居民的独特的天文日历。那些线条的交叉点，可能标志着一年中某些重要的时期，以及太阳、月亮和星星所处的位置，而那些动物图形也许表示星座的位置。

也有人声称找到了古代人作画的工具。一些黑色的石子是燃烧值很高的燃料；一些被发现的织物可能是当时用来缝制气球的。按照他们的观点，古代纳斯卡居民就是乘坐用这种方法加热升空的热气球作画的。

可是，这些说法都不是无懈可击的。首先，巨画的图案和陶器上的图案具有相同的风格，只能说明它们是具有同种文化背景的智慧生物所作，并不能就依此推断一定是地球人

一万个奥秘一千个谜

所为。天文、日历之说的猜测成分太大，缺少足够的说明，也难以站得住脚。而气球升空作画一说虽然很有新意，可是，人们无法把在当时就掌握了欧洲18世纪才发现的气球升空技术的古代纳斯卡人和现代仍然落后的纳斯卡人联系到一起。如果作画的古代纳斯卡居民不是现代纳斯卡人的祖先，那么，他们从哪来？又去往何方？这也是一个十分难解的谜。

纳斯卡巨画之谜仍然悬而未解，它为史学家们提出了一个大课题：现在人类对自身文明进程的认识和客观事实到底是否一致？

（赵立军）

婆罗浮屠之谜

世人皆知：佛教是世界上三大宗教之一，而印度是佛教的发祥地。可是，你知道吗，最大的佛塔并不在印度，而是在印度尼西亚爪哇岛的中部平原上。这就是被称做"东方金字塔"的婆罗浮屠。

"婆罗"是梵文中"庙宇"的发音；"浮屠"是古爪哇文中的"山岳"一词。因此，婆罗浮屠就是庙宇的山岳。的确，它的外形就像一座小山。它与中国的长城、埃及的金字塔、

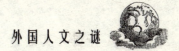

柬埔寨的吴哥窟和印度的泰姬陵并肩齐名，为东方文明五大奇观。

据说，整个佛塔的建筑布局处处渗透着佛教的精髓。它的外观很像埃及金字塔，有 9 层；分为 3 个主体结构：塔基、塔身和塔顶，对应着佛教中的"三界"。塔基代表"欲界"，是 120 米长、4 米高的正方石台，每边都有凸角堡形突出，因此塔基不是规矩的方形。塔身代表"色界"，有 4 层，也是不规则的方形，有 20 个角；第一层的边缘离塔基边缘约有 7 米宽，形成了一圈平台，其余各层均后退 2 米，四周装有栏杆，形成环绕佛塔的 4 条 2 米宽的走廊，边长分别为 89 米、82 米、69 米和 61 米；各层共有 432 座佛龛，每座佛龛内有一莲座及盘足而坐的佛像。塔顶代表着"无色界"，由 3 层直径分别是 51 米、38 米和 26 米的圆台和大率堵波（主佛塔）组成；每个圆台上都有一圈钟形小塔，中央的主佛塔气势雄伟，直冲云霄；旁边有 72 座小塔簇立，如星辰环绕，普照天上人间；每个小塔内供奉着一尊成人大小的盘坐佛像，形状别致，设计巧妙；佛像的手按东南西北中的不同方位，分别做出"指地"、"施与"、"禅定"、"无畏"、"转法轮"等各种姿势；佛像面部神情迥然各异，工艺精巧；塔的四面，各有一条石阶直通塔顶，蜿蜒上升到顶部交叉，形成了一个大"十"字，把塔分成 4 个相等的部分，不分主次，似乎表明欢迎四面八方的香客。

据专家们考察，婆罗浮屠不仅是大乘佛教密宗念佛修法的坛场，而且是一座象征着宇宙的巨型图画，在形式上体现

了相当完整的佛教意义，其体制上的博大精深，是其他佛教建筑不能与之相比的，是一部形象化的佛教知识大全。而且由于爪哇处于中、西交会的要；中，是中、印交通的门户，所以其本土文化和中国汉文化、印度佛教文化的交融在婆罗浮屠的建筑艺术风格中得以展现。

这座伟大的建筑奇观在感人之余，也给人带来许多难解的谜。考古学家们从塔基的梵语碑文推算，这座大佛塔大约兴建于公元 8 世纪的夏连特拉王朝，那时，印尼的佛教处于鼎盛阶段，可是，这个王朝本身在历史上就很有神秘色彩，只存在了 100 多年就销声匿迹了。是不是这座宏伟建筑消耗了他们的国力？后人不得其解。

这座辉煌的佛教建筑群曾被深埋地下，直到 19 世纪才被人们重新发现。它是什么时候和怎样被掩埋的？是自然力量，还是人为的密埋封藏？这也一直令人捉摸不透。

而在佛塔内有 2500 幅佛本生经的故事浮雕，塔底的四面墙内也隐藏有 160 幅浮雕，这些艺术品的深刻寓意，到现在还只有大约 20％能被人们所理解，而余下的大部分还是待解之谜。

婆罗浮屠已被印尼政府全面维修，面目一新，吸引着全世界的众多游人。看来，随着时间的推移，这些谜会逐渐被破解。

（赵立军）

"圣山"的奥秘

在远离苏丹首都喀土穆的外尼罗河第四瀑布下面，有一个著名的古城遗址库顿马。它是5000年前苏丹境内的库施古国的宗教朝觐圣地。

当时的库施古国位于现在的苏丹北部。这里地形奇特，到处是山丘迂迴，灌木丛生，还不时出现被当地人称做"撒旦海"的幻影屡景，时常使人迷失方向。在这片奇特的土地下面却蕴藏着丰富的金矿资源。古库施人就是凭借着开发这些宝藏，才使库施古国在公元前16世纪以前，就已经成为发达的贸易集散地。公元前16世纪以后，库施被埃及十八王朝征服。在此之后近800年时间里，它一直是在埃及的控制之下。因此，后来的库施文明带有浓重的古埃及文明的色彩。库顿马城中，就有库施人仿埃及金字塔式样的古代石墓群遗迹，据考证，这些石墓距今已有2000多年。库施文明本身的成就也是巨大的。在库顿马城发掘出的大庙宇和殿堂遗迹就是实证。这些古建筑复原后，是十分宏伟的，仅祭典大台的石柱就高达约15～18米。这使人们不能不对库施古国的文明程度感叹不已。

在库顿马古城东南角靠近尼罗河岸的地方，有一座孤零

一万个奥秘一千个谜

零的石山，这就是所谓的"圣山"。它高约 79 米。据说，古埃及的主神阿蒙就居住在这座山上，这里隐藏着千古之谜。可是，多少年以来，从来没有人在这座山上发现过什么。它光秃秃的，又很陡峭，也没人爬上去过，所以，人们一直没搞清它神圣在什么地方，总觉得它仅仅是象征性的神圣。

这是英国人最早提出的观点。他们认为这座山非常像一位屹立的巨人，很可能是古人利用天然山势附以人工凿刻而成的一座巨大石像，象征着阿蒙神至高无上的地位。

这种观点终于被人推翻了。

1989 年秋天，美国波士顿的一支 4 人考古探险队来到这里，要解开"圣山"之谜。

他们的收获很大。在山顶的一块石壁上，他们发现了浮雕壁画和用象形文字写成的碑文。为了掌握更详细的资料，他们攀上了这座陡峭的山崖。上山途中，他们发现了 10 个由人工凿成的洞穴，看上去像是用来支撑吊架杆的，埃及人一直使用这种吊架来提水浇地。在这样的山峰石岩顶部搭吊架，就是现代人也要花很大代价才能做到，古代人完成它的难度就可想而知了。古人在这里搭吊架做什么用呢？

攀上岩顶，探险队员们首先搞清楚了，碑文的内容是国王向阿蒙神献上的呈辞。把它们刻在岩顶是为了隔绝凡人，只供神阅读。这里发现的 6 块碑文都雕饰着花边，碑文面向尼罗河并排刻在一面岩壁上。中间的 2 块是塔喀光王的呈辞；其余的 4 块是他以后的库施国王的呈辞。在碑文下方有几个在岩石上开凿成的壁龛，里面还保留着放置塑像的石墩，可

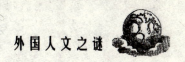

以放进约 1.2～1.5 米高的塑像。现在已经没有塑像了,只残留着一些原来用作固定塑像的沙灰。碑文上方的平坦岩壁上均匀地排列着许多小洞,有些小洞里还遗留着一些用来固定金箔片的青铜钉子残骸。原来,当时的人们是用钉子在石壁上固定一块巨大的金箔片,建成一座灯塔,使它迎朝霞、送晚晖,把阿蒙神的旨意带给人间。看来搭设吊架就是为了完成这个工程。

在岩顶他们还发现了一个古庙遗址和一块被凿成眼镜蛇形的孤岩。看来这是把眼镜蛇奉为神灵的古埃及人的杰作。他们树立这个形象很可能是为了慑服库施人民。

考察队的有效工作,已经拨开了"圣山"的神秘之雾。虽然他们没有找到什么很神圣的东西,也没有搞清楚古埃及人和古库施人为什么会认为阿蒙神居住在这里,但是,"圣山"已经不像过去那么神秘了。在已经发现的"圣山"古遗迹中,人们不能不为古代人丰富的想像力叹服!

(赵立军)

水晶人头探秘

奇珍异宝对任何人都具有极大的诱惑力,它们给人们带来狂喜、幸福,有时也给人带来灾祸。但是,也有这样的珍

宝，它除了带给人们以上内容外，还有令人难以解释的谜。水晶人头就是这种珍宝。大块天然白水晶就是很珍贵的了，如果用珍贵的大块天然白水晶，逼真地按人头的骨骼结构雕琢成仿人头工艺品，那就是绝对的奇珍异宝了。而我们在这里说的水晶人头，全都是史前人类的杰作，这就是更加珍贵的历史文物了。世界上现存3件这样的史前瑰宝。它们分别存放在大英博物馆、法国人类博物馆和英国一位妇女处。

水晶人头玲珑剔透、光亮异常、形象逼真，但有时也给人带来惊吓和恐惧。保存在大英博物馆的那颗水晶人头，每到日落天黑都要被工作人员用黑绸密密遮盖，这已经持续了100多年。因为当初曾有一位工作人员在晚间清扫大厅时，看见夜幕中的水晶人头，正发出耀眼的白光，龇牙咧嘴就像面目狰狞的魔鬼，这一情景使他吓得魂飞魄散，再也不敢进大厅工作。从此，大英博物馆就采取了以上防护措施，一到夜幕降临就把水晶人头遮盖起来。

现在，人们已经知道这3颗十分相似的水晶人头都是美洲史前文明的结晶。至于它们出自什么人之手，完成于什么时代和为什么目的而作，至今仍然还都是没有被破解的谜。

大英博物馆收藏的那颗水晶人头是几经周折购进的。除了知道它最初来自墨西哥以外，别的一无所知。所以一向以文物记载严谨、翔实而著称于世的大英博物馆，也不能不为它破了例。

保存在法国人类博物馆中的水晶人头，倒是有比较详细的注解："它是公元14到15世纪生活在墨西哥的印第安人先

祖阿兹特克人制作的。据估计，它是一位阿兹特克祭司牧杖顶端的饰物。"记载中还写明："在发现水晶人头时，还发现许多精制的小型铜质工具。"这说明中古时代的阿兹特克人已经掌握了冶铜工艺和铜器制造技术。他们对水晶的审美观和雕琢水晶艺术品的精巧技艺，使现代人也为之折服。

可是，这种记载和解释没有得到大多数史学家的认同。他们指出：墨西哥的印第安人在 20 世纪 40 年代，还在密林深处过着原始生活，这与他们的先祖在 600 多年前就具有如此高超的铜冶炼和制造技术实在难以统一起来。而且水晶人头绝不仅仅是一件饰物，它好像具有更神秘的目的和功能。

科学家从保存在英国妇女安娜手中的那颗水晶人头上获得了较多有价值的信息。

她是一位考古学家的女儿，在 20 世纪 20 年代随父亲到著名的古城——卢巴安吐姆考察。无意中，她发现了这件珍宝。后来，在她回国时，当地官员把他们上交的这件文物作为礼物赠给了她，从此以后就一直由她收藏着。

她把这颗水晶人头交给科学家们进行了仔细的鉴定和研究。结果表明：这颗水晶人头的重量是 5 千克，是由大块水晶仿人的头骨分别雕刻后拼制而成。它就像真的人头一样，整齐的牙齿镶在牙床上；鼻骨由 3 块水晶拼制；两只眼睛各为 1 块圆形水晶制成。学者们分析后认为：这颗人头的制作过程至少费工 150 年。雕刻工作完成后，还要用砂粒磨光。它在出土之前，至少已在地下埋藏了 3000 多年。

这些资料还不能揭开水晶人头的秘密。可是，我们从中

却能看到美洲远古文明闪烁的耀眼光辉。同时，也告诫我们不要对水晶人头的用途轻易下结论。古人倾注几代人的心血精心制作的水晶人头，似乎不应该仅仅是为了装饰。

最终的结论要等所有谜底被揭开之时。

（赵立军）

择捉岛——神奇的谜岛

择捉岛是日本著名的北方四岛之一。你知道吗，它同时又是一个神奇的小岛，而且还是世界考古学界公认的著名谜岛之一，是距离大陆最近的一个谜岛。

择捉岛的神奇在于它奇特的自然景观和生物现象。

而在岛上发现的令人难以解释的文化现象更使它名列谜岛之榜。

岛上有一个直径约3千米的古火山口，形状就像一口巨大的锅。在这口"锅"的"锅沿"上，奇峰峻峭直指青天，岩石嶙峋突兀，不知道是靠什么鬼斧神功形成了这千奇百怪的造型。有的像虚幻中直立的神鱼；有的像横卧着的面目狰狞的恶鬼；有的好似飞禽；有的形如走兽。真是一个神话般的世界。

在神奇的择捉岛上不仅有硕大的蝴蝶、巨眼的蜻蜓，还有一种生活习性极其奇特的怪鱼，它们可以在50℃的水中游玩戏耍，而在常温中却会僵硬，甚至随温度的继续下降而死亡。这种奇特的生命现象是一位法国人在一种意外的情况下偶然发现的。那是20世纪60年代中期的事，这位法国旅行家在择捉岛附近海域遭逢海滩，幸运地被波涛推上了这个海岛上一个人烟稀少的角落。海浪并没有把他洗劫一空，而给他留下了一个盛炊具的旅行包。死里逃生后他饥饿难忍，在周围寻找可以充饥的东西。在一个浅浅的水坑中他意外地发现了几尾僵硬的小鱼，这使他欣喜异常。他赶紧拾来柴草，点火炖鱼煮汤。没等锅中水开，他就掀开锅盖观看，映入眼帘的景象使他吃惊不小。锅中那几条原来僵硬的小鱼非但没被煮熟，反而在热气腾腾的水中活了过来，这时的水温最少也有50℃。这位法国人把这一切都写进了他的游记。现在，人们已经搞清楚了这些怪鱼怪习性的由来。原来，它们是被古火山活动烫热了的一个小湖的"居民"。它们的祖先是在火山爆发中幸存下来的，因而适应了特有的生存环境。它们遇到清凉的水反倒会不适应而死亡，于是就成了冷血生物中的热血物种。

除却这些奇特的自然现象，择捉岛上还有非常神秘的人类文化现象。在古火山口的南部堆满了一块块打磨得十分圆滑的巨石，它们有黑、灰、褐和浅绿等几种颜色。令众人着迷的不是它们的颜色，而是这些石头上明显的人为刻纹，其中有一块石头上通体凿满了奇异的线条和花纹。这些线条和

一万个奥秘一千个谜

花纹已被考古学家们确认，很可能那是一种现代人还不知道的文字，整个择捉岛上的人类文化之谜的谜底可能就蕴藏在其中。在另外一些黑曜石上的刻纹，很显然不像是文字，充

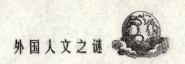

其量只能算作是符号。其中有一块石头上面凿刻的全是飞鸟，神态各异，活灵活现，有的像是要起飞，有的伸长着脖子像是正在遨翔。这些石头中，有的上面凿刻的内容很简单。如有一块石头上只刻着一个大箭头，直指着峭壁脚。

十分奇妙的是，在几块绿色圆石头上凿刻的纹痕竟然全是现代人所熟知的符号。有角度、加、减等数学符号；有形如罗马数字中的"IV"和"V"的刻纹；也有能很清晰地看出来的拉丁字母"Y"和"S"；还有一些标准的几何图形，如正方形、矩形和非常端正的圆等。这些符号一个接一个地刻在石头上，仿佛组成了一篇数学论文。

是谁为后人留下了这些文化遗迹？各国学者为此进行了多方面的研究，可是收获甚微。择捉岛和世界上其他的谜岛一样，没有发现任何文字资料能说明它过去的事情。现在岛上的居民是阿伊努人，尽管他们历史悠久，有独特的民族文化，可是，他们从来没有过文字，而且他们对这些石头的来历一无所知。在他们之前谁曾在择捉岛上生存过，这也是一个未知数。千岛群岛上的古代居民——大胡子民族，也是一个从来没有文字的民族，更不像是他们创造了这些文化遗迹。科学家们还在多方探寻，试图找到谜底。

（赵立军）

沙皇亚历山大一世之死

俄国沙皇亚历山大一世，在俄国历史上并没有多么重要的地位。在他执政期间，俄国与奥地利、普鲁士组成了"神圣同盟"，充当反对欧洲各国资产阶级革命的国际宪兵。他亲率俄国军队横行欧洲，穷兵黩武，可是也因此导致拿破仑亲率法兰西大军攻入俄国，直逼莫斯科城下。虽然法军最终战败而去，可是这场战争带给俄国人民的是满目疮痍和沉重的灾难，所以，他没有什么显赫的功绩可以彪炳青史。只是他的死带有浓重的神秘色彩，才使他在历史中常常被人提起。

亚历山大一世的全称是亚历山大·巴甫洛维奇·罗曼诺夫，生于1777年。1801年他发动宫廷政变，弑杀了他的父亲保罗一世，篡夺了皇位。1825年11月19日，在他携皇后伊丽莎白去塔冈罗格镇度假休养时突然驾崩，终年47岁。根据皇室公布的消息称亚历山大一世是因病突然逝世的。

可是，史学界对他的死一直抱有怀疑。亚历山大生前死后，在他周围出现的一些奇怪现象，都说明亚历山大一世之死大有文章。

沙皇离世前1年多的时间里，统治上的危机已经层出不穷，全国上下民怨沸腾、社会矛盾激化。这使沙皇受到的精

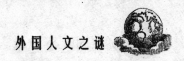

神压力极大，有不少反思自责的表现。

1824年底，亚历山大一世曾得到密报说，有人正在密谋推翻他的统治。在同期的历史资料中，也有一道他亲拟的"圣谕"："根据传闻，自由思想或自由主义的可怕精神已经或至少正在军队中传播。"可是和他一贯奉行的铁血政策大相径庭，在此期间，他既没有下令调查，也没有逮捕任何人。

在同一时间，圣彼得堡发生了特大洪水。亚历山大一世在视察灾难现场时，面对着300多所被毁的房屋和5000多人死亡的惨景，以及哀号呻吟的百姓悲叹："这是上帝在惩罚我的罪过。"这可能真的是他的肺腑之言。在他出生时，俄国就发生过洪灾，虽然没有这次严重，可是民间传说很多，认为那是上天震怒。他面对今天的灾害场面，可能会联想到自己过去弑父的罪行，因此愧疚惶恐。

在这种每况愈下的心境压力下，他在1825年9月决定携皇后去疗养。他的这次疗养却使史学家大为疑惑。塔冈罗格镇濒临浑浊、臭气熏人的亚速海，背后是一望无际的茫茫草原，狂风不断，是一个十分萧瑟、冷僻的小镇。沙皇到那儿与其说是疗养，倒不如说是流放。而据史载，沙皇在那里尽找体力活干，还对手下人说："要习惯过另一种生活。"这话里似乎隐含着什么更深的含义。

关于沙皇的病情和死亡报告也很可疑。不同的御医在相同的时间里，对沙皇的健康状况有绝然相反的描述。

亚历山大一世的殡葬仪式也违反了皇室的惯例，没有安排开棺让臣民瞻仰遗容的仪式。伊丽莎白皇后的日记在沙皇

驾崩前后曾中断了 8 天。继任的尼古拉一世一上台，就急忙命人焚毁了亚历山大一世最后几年留下的大量文件，这些都很反常，也更增加了亚历山大一世之死的神秘色彩。

实际上，当时俄国国内就议论纷纷，传言四起。有的说："沙皇搭乘一艘英国游艇前往巴勒斯坦圣地朝拜去了。"也有的说："沙皇被哥萨克劫持并隐匿了起来。"还有人说："亚历山大一世秘密前往美洲隐居。"各种说法有一点是相同的，那就是不相信亚历山大一世已死。

几年以后，人们对亚历山大一世快要淡忘的时候，在乌拉尔山区帕彼尔姆州的克拉斯诺菲姆斯克村，出现了一位雍容高雅、仪表不凡的老者，自称名叫费道尔·库兹米奇。他身边没有任何证件，对自己的身世一无所知。于是他被警察责打后，流放到西伯利亚。在西伯利亚，他一直过着简朴的生活，可是他的渊博学识，他对俄国当政名人的如数家珍和对重大政治事件的了如指掌，以及在他生活中发生的许多奇怪事情，都使人们把他和亚历山大一世联系到一起。他死后，一直照顾他生活的一个富人安葬了他，并且树立起一块刻有"这里安葬着伟大的长老、上帝的选侯费道尔·库兹米奇"字样的十字架形墓碑。上帝的选侯正是亚历山大一世在战胜法皇拿破仑后正式从教皇那里接受的称号。

亚历山大一世的一位御医从来不参加每年 11 月 19 日纪念沙皇之死的祷告仪式。但是在费道尔死后不久的一天，他亲自带着全家到教堂为亚历山大一世的亡灵祈祷，并且痛哭流涕地说："沙皇这下可真死了。"在亚历山大一世办公室的

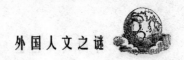
墙上，也不知为什么挂有费道尔‘库兹米奇的画像。

这一切都使亚历山大一世的死笼罩在浓重的迷雾中。到底真相如何，也许永远也搞不清。

（赵立军）

莫扎特死亡的疑案

音乐天才莫扎特，年仅 35 岁就辞别了人世。现在，他留下的不朽之作受到全世界无数人的传颂，人们至今仍在为他的早逝感到惋惜。莫扎特也许不会知道，他短暂的一生所创造的动人乐章，已经为他在后人面前树起了不朽的丰碑。而他的死因，也作为一宗疑案缠绕了热爱他的人们达 200 年之久。

据史料记载，莫扎特是死于贫困和积劳成疾。《魔笛》是他留给人类的最后一部歌剧杰作。他在生活极端贫困的窘境中完成了这部作品，为此，他耗尽心血，精疲力尽，身体衰微。恰恰在这时，一位神秘的顾客找到了莫扎特，要求订购一首《安魂曲》，还要限期完成，保守秘密。这项神秘的任务对莫扎特来说是个不祥之兆，他以艺术家的想像力，感觉这是死神的安排，这个神秘的顾客就是死神派来的使者。他觉

得自己在这个世界上的时间不多了。他曾对自己的朋友说："这是我为自己在写《安魂曲》啊！"果真如此，这位旷世奇才在完成了《安魂曲》不久后就告别了人世。1791 年 12 月 4 日夜，莫扎特死在病床上。

人们一直认为那个神秘的顾客应对莫扎特的死负责，并且怀疑他是蓄意而为，可是，后来查明他只是一位伯爵的仆人，他们的行动并没有恶意，只是为了虚荣。那位伯爵是一位爱好音乐却无才气的人，他常常让仆人向莫扎特订购乐曲，然后作为自己的作品展示给众人。这一次是为了追悼他刚刚死去的妻子，就又故伎重演了。

莫扎特死后被葬入圣玛克斯穷人墓地。墓志铭中记载他是死于"炎性风湿热"。

从音乐家辞世开始，人们就不断对莫扎特的死提出疑问。

他死后刚刚 1 周，柏林一家《音乐周报》上就登载消息说："莫扎特尸体肿胀，很像是中毒而亡。"但是，这在当时并没有引起人们的注意。

30 多年后，人们整理莫扎特的遗物时，发现他在去世的前两年经济收入相当丰厚，共有 3000 戈尔盾，还有相当于那时 6000 千克牛肉价值的现金和实物。这就使人们对莫扎特死于贫困一说产生了怀疑。于是，当年《音乐周报》的那则消息又被人想起来了。可是，是谁害死莫扎特呢？这是 2 个世纪以来人们一直在研究和推测的问题。

另一位世界级音乐大师贝多芬死后留下的日记中写有这样一句话："萨里埃利（当时的宫廷乐师）虽然死到临头，但

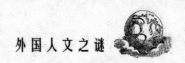

是他还活着。他不得不承认自己毒死了莫扎特。"这在史学界掀起轩然大波。贝多芬是凭感觉猜测，还是掌握了什么具体的证据？这就不得而知了。

事实上，经过漫长的岁月，被怀疑可能和莫扎特之死有关的人，不只萨里埃利一个。人们专门为这些可疑的人排了队：一、维也纳宫廷大臣豪夫·梅尔特，他的妻子与莫扎特关系暧昧，他一直扬言要杀莫扎特。二、宫廷乐师安东尼奥·萨里埃利，也就是贝多芬提到的那个人，他极端嫉妒莫扎特的音乐才华。三、莫扎特的弟子斯迈耶，他一直垂涎于莫扎特的财产。四、有个叫"共济会"的秘密组织，对莫扎特怀有极深的门户之见，也可能杀死莫扎特。被列出的都是嫌疑者，并没有任何真凭实据能证明他们中间的哪一个是凶手。

不过，现在似乎有更多的证据表明莫扎特决不仅仅死于疾病。萨尔茨堡大学的生物化石专家曾对保存至今的莫扎特颅骨进行了研究鉴别。他们不仅证明了它和莫扎特本人的生理特征十分吻合，而且在颅骨上发现了一道伤痕。这是一道从太阳穴直至头顶的不很明显的裂痕，长约 7 厘米，至少要经过 1 年的时间才能愈合。这个伤口可能就是导致莫扎特英年早逝的原因，科学家们从史料中找到了佐证。莫扎特在 1790 年 5 月曾多次向友人诉说他的头痛和牙痛。专家们据此判断："莫扎特是由于外伤后血肿后遗症伴随着疲惫感染上了传染病而死的。"这种解释很有道理。

不过文人墨客们似乎是从自身感受中得到了某种启发，他们始终怀疑萨里埃利杀害了莫扎特。

看来，真的只有上帝才知道谁是杀害莫扎特的凶手了。

（赵立军）

梵高为什么自杀

梵高是西方现代绘画艺术的杰出代表。现在他的作品已经蜚声全球，在近年的世界名画拍卖交易中十分走俏。他的画不仅在单幅价格上高居榜首，而且几乎每一幅作品都是以极其昂贵的价格在交易中成交。

可是，他本人的命运却与他的作品相反。梵高的一生历尽坎坷，十分悲惨。最后，他竟于 1890 年 6 月 29 日开枪自杀，重伤后不治而亡，离世时年仅 36 岁。

近年来，随着对梵高所代表的现代印象派绘画艺术理解和欣赏的人越来越多，对他生平的研究也就越来越加强，人们不约而同地把关注的目标对准了这位艺术家的死。是什么原因使他以自杀的方式离开这个世界呢？有一点似乎很明显，是他的精神失去了控制，是一种失常情况下的非理智行为。可是，梵高为什么会精神失常呢？艺术界、文化界乃至医学界、化学界的专家和学者们都纷纷参与对这个问题的探讨。

学者们从不同的学科角度出发，提出了各种各样的观点。

一般地，这些观点分为丽大类。一是自然原因，持这种观点的主要是医学界、化学界的专家。他们从梵高的日常活动、生前嗜好和生理疾病着眼，提出了略有差异的解释。一些人认为：梵高的一些不良生活习惯严重地损害了他的神经系统，最后导致他失去控制而自杀。他们指出，梵高生前嗜饮艾酒成癖，艾酒中含有对动物神经组织极为有害的物质岩柏酮，这使他的神经系统受到摧毁性伤害。有足够证据表明，梵高体内的岩柏酮含量达到了相当惊人的高浓度。他死后不到 1 年，种植在他坟墓上的一棵喜欢岩柏酮的小树树根就把他的棺椁紧紧包裹起来，使后来为他移坟的人不得不连树一起移走。也有人认为，梵高患有癫痫症，为了治疗而长期使用洋地黄，这也是麻痹神经系统的药物，他的神经损坏是因这种药物中毒所致。

第二类观点普遍认为，梵高的精神失常是社会原因造成的。一种说法是：梵高出于对自身生理和心理疾患感到羞愧和恐惧，因而导致精神崩溃自杀。在研究了大量的历史资料后，持这种观点的人指出：梵高死前患有梅毒症，他的青光眼病也很严重。他自己也知道，用不了多久他将失去最为宝贵的视力，而且，他也患有心理疾患——"恋母情结"。这给他的精神压力很大，最终使他承受不住沉重的精神负担而崩溃。也有相当多的文学、艺术界人士是从思想方面寻找原因的。他们认为，梵高短暂的一生，经历了太多的磨难。他四处颠沛流离，干过几种职业，饱受世道的不平和生活的艰辛。他深深地同情被压迫的劳动人民，强烈地希望自己能够有力

一万个奥秘一千个谜

量去解救他们。在他当传教士的时候，就曾经把自己的钱财和衣物都拿出来接济穷人。他经常深入到劳动者阶层，和他们交流情感，了解他们的生活。他和比利时波利纳日地区的矿工们一起生活了很长一段时间，全身心地支持他们为维护生存权力所进行的斗争。可是，弱肉强食、民不聊生的残酷现实使他的热情一次又一次地被扑灭，这就足以使他不再对生活抱有希望。作为艺术家，他酷爱绘画。而且，他天分极高，创造力很强。他从事绘画才7年就创作了大量高水平的作品。可是在他生活的那个时代，他所代表的艺术风格没有被世人认识和理解，作品没有销路。在他生前，只卖出过一两幅画，以致于生活不得不依靠弟弟的不断资助来维持。这些无情的现实，都极大地撞击着他本来已经脆弱的神经，使他完全被击倒了，所以他才采取了自杀的方式逃离这个没有给他带来快乐和温暖的世界。

实际上，这些不同的观点都各有自己的道理，但是，无论哪一种观点都经不起推敲。如果把各种观点综合到一起，倒不失为对梵高死因的最好解释。

不过，如果梵高地下有知，知道他的作品在历尽岁月风霜之后，已经愈来愈为世人所珍视，他是会含笑九泉的。

（赵立军）

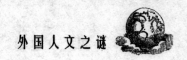

达·芬奇的奇才是从哪里来的

列奥纳多·达·芬奇是意大利文艺复兴时代的先驱，是举世闻名的一代天才。他的代表作《蒙娜丽莎》、《最后的晚餐》都是美术界的旷世奇珍。可是，你也许还不知道，达·芬奇的才华不仅体现在雕塑、绘画等艺术领域，也不光表现在文艺复兴理论的创造和各种人文知识方面，而且表现在他通晓人类的各种知识上。他是一位名副其实的全才，一位货真价实的天才。他在解剖、数学、物理、天文、地质学和工程制造、建筑等方面造诣高深，使他在这些学科领域都能无愧地荣获杰出创造者的称号，对达·芬奇奇异、广博、精深的知识结构和惊人的天赋，就是现代科学家也都感到难以理解。

达·芬奇去世几个世纪以后，他的日记被陆续发表了。它展示给人们一个奇异的人类智慧的世界：各种各样涉猎于多种学科的设计草图和构思模型，其中很多称得上是现代发明。如：飞机、潜水艇等等。它们有的十分接近现代产品的形状，使人们不能不为之感叹。

近年来，欧洲一些专家学者对达·芬奇的生平进行了认真而又广泛的研究，试图发现一些奥秘。有人用计算机对他

的一生成果进行了分析。结果使人大吃一惊，他完成的雕塑、绘画、各种发明和研究等工作，就是连续不停地做，至少也需要 74 年创造性的劳动。这简直不可能，一是他年龄有限，只活了 67 岁。再者，他也不可能不休息地工作，因为他不是超人，况且有大量史料证明，达·芬奇的艺术创作是十分严谨的，刻画每一个人物形象都是经过深思熟虑的，艺术创作有时慢得让人难以容忍，因此说他能高效率地完成全部创造令人难以理解。而且，人们很难相信上天会如 1 此慷慨地把美德和盖世奇才完美地赋予一个凡人。因此，达·芬奇确实令人难以猜测。

一些专家经过研究发现，达·芬奇不仅从未有过助手和辅助工作人员，而且从他的大部分非艺术创造的记录中，也很难找到他从事科学实验和研究的记述。可奇怪的是，他的各种杰出设计，不仅使与他同时代的专业工程师，就是后世的科研人员也十分佩服。只是他的所有发明都写得言简意赅，这使专家们产生了疑问：达·芬奇是靠自己的工作和独立思维完成创造和发明的吗？

从达·芬奇的生平中，人们也感觉到了某种神秘气氛。他没有家庭，没有近友，一生之中都躲避着那些被他认为是"多嘴的动物"的女人，这样使他从事的事业处于高度的机密之中。这使专家们更怀疑达·芬奇是得到了神秘人物的帮助。

达·芬奇狭小的社交圈，使人们很容易地把注意力落到他唯一的仆人托马兹·玛奇尼身上。这是一个终日与达·芬奇形影不离的人，他是一位体格强壮、面目慈祥并且有一双

智慧眼睛的中年术士，具有十分丰富的阅历，曾经到过东方，受到过东方统治者和圣人的接见，还带回了许多古埃及和古阿拉伯的书籍。据载，他是一位优秀的机械师、雕刻家、水力专家，同时热衷于炼丹术和妖法。只是因为他身份低贱，所以不为人们所知。有些学者根据这些史料认为，托马兹·玛奇尼是达·芬奇的一位不能低估的合作者。

但是，有很多历史学家反对上述观点。他们认为，托马兹·玛奇尼这个人物并不是历史真实，而是人为臆造的。

有些专家提出了这样观点：达·芬奇可能是在古人创造发明的基础上改良和再创造出如此丰硕的成果的。他们指出，在达·芬奇以前的佛来米派艺术家手稿中也有类似直升飞机的画，很像达·芬奇后来的设计。另外，历史记载表明，达·芬奇与东方祭司关系密切，长期往来。在这些古代文明的传继者那儿，他可能获得许多人类知识的精华。

也有人对达·芬奇一生的创造不以为然。他们认为，达·芬奇的科学技术创造，都只是停留在构想阶段，这和真正的科学技术发明有本质的区别。他的所有工作都没有进入科学发明最耗时费力的阶段——科学论证和实验运转阶段，这就使达·芬奇可以放开他的丰富想像力大量地提出构想，而不必去考虑它们的实施。可是，持这种观点的专家也不否认，达·芬奇是一个集天才智慧和崇高美德于一身的奇异之人。

达·芬奇对人们来说仍然是一个待解之谜。

（赵立军）

《蒙娜丽莎》之谜

一万个奥秘一千个谜

世界名画《蒙娜丽莎》是艺术巨匠达·芬奇的传世之作，画中的女主人公以她神秘难测的微笑震慑了世人。这幅画现在价值连城，吸引了很多人予以关注，其中当然有时刻想把它据为己有的人，当然，更多的还是热爱艺术、专心研究它的人们。对于后者来说，《蒙娜丽莎》中充满了许多待解之谜。

女主人公的神秘微笑就是其中的一个谜。每个人都能从这种微笑中感觉到什么，可是，又都难以用语言来表述他们各自的感觉。于是，很多人把它当作一个课题来研究，就有各种各样的观点不断提出来。这些观点对蒙娜丽莎的神秘微笑褒贬不一，有一种观点甚至认为：这种神秘微笑是一个患有面部肌肉僵化症的人的面部写照。真可以说是离奇至极。

画中的主人公是谁，也是一个争论不休的待解之谜。一般的说法是：蒙娜丽莎是佛罗伦萨的一位平民，她的丈夫曾委托达·芬奇为她画了这幅肖像。

可是，人们后来在整理达·芬奇的遗物时，发现了他的两张自画像，有人注意到达·芬奇的自画像倒是和画中的蒙娜丽莎神貌相合。人们把他的自画像和《蒙娜丽莎》叠放在一起，发现两幅画中人物的面部特征惊人地重合。于是，又

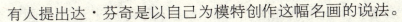

有人提出达·芬奇是以自己为模特创作这幅名画的说法。

这十分令人不解，达·芬奇怎么会以自己为原型创作一幅女性肖像画呢？他不是那种崇拜女性的人，甚至从某种意义上说，他对女性有些鄙视。当然，他也有可能从宗教的含义出发，把自己画成了一位圣母。有很多人不赞同这种看法。

而《蒙娜丽莎》到底有几幅，则是一个争论最大的待解之谜。这当然指的是达·芬奇的原作。保存在巴黎卢浮宫中的《蒙娜丽莎》是无可非议的真迹。在 20 世纪初，它曾被盗失踪 2 年。后来又被警方找回。经有关专家多方鉴定，认定找回的就是原来的那幅真迹。它仍藏在卢浮宫直到现在。

可是，人们在追踪过程中，看到了许多《蒙娜丽莎》的赝品，其中有几幅称得上是佳作，可以达到以假乱真的效果。而保存在美国新泽西州的那幅《蒙娜丽莎》几乎具有达·芬奇画作的全部特征。这使人们开始怀疑，《蒙娜丽莎》真的只有一幅吗？它会不会有姐妹作存在？有人对新泽西州那幅画作了科学分析，结果确认它确实出自于达·芬奇时代。于是，有很多人相信这种说法：达·芬奇画了两幅《蒙娜丽莎》。画中人物是达·芬奇的一位朋友，最初是应她丈夫之约，为她画那幅肖像。若干年后，她本人又请达·芬奇再为她画一幅肖像画。于是，画家就在原画构图的基础上咯加点缀，重画了一幅。这第二幅就是收藏在新泽西的那一幅。

这种说法受到了一些人的激烈反对。特别是法国人，反应最为强烈。他们指出，达·芬奇一生创作了为数不多的几幅油画，从来没有过重复自己作品的记录。而且，美国的那

幅《蒙娜丽莎》是画在画布上的，达·芬奇从来没有在画布上作画的习惯。

上述各种说法都不是无懈可击的，也都说服不了对方，围绕《蒙娜丽莎》仍然充满了谜。但是，这丝毫无损它在人类艺术宝库中的重要地位。

（赵立军）

"俾斯麦"号是怎样沉没的

"俾斯麦"号战列舰是第二次世界大战中，纳粹德国火力最强大的战舰之一。它舰长 251 米，宽 36 米，排水量 5 万吨。在第二次世界大战刚刚爆发后不久，它就被希特勒派往大西洋水域袭击过往的英国商船队。它的存在严重地威胁着同盟国的海上运输线，这使英军参谋部下决心不惜一切代价消灭"俾斯麦"号。而这一仗对第二次世界大战初期的英国海军来说，是一个十分艰巨的任务。因为当时英国海军作战舰只的火力都远不如它，只能靠掌握准确的情报，集中力量打击它，所以，命令下达后，海上的情报工作就首先加强了。情报部门全方位地收集"俾斯麦"号战列舰行踪的情报，并且以高速度进行传递。

一万个奥秘一千个谜

　　1941 年 4 月，英国本土收到了从瑞典方面传来的情报。在格陵兰岛和冰岛之间的海域，发现了"俾斯麦"号。情况是很严峻的，这一海域正是英国商船队的必经之路，"俾斯麦"号的强大火力网将会成为这些商船下地狱的通行证。英军参谋部不能不迅速地作出反应。

　　1941 年 5 月 22 日，英军出动了两艘战列舰"霍德"号和"威尔士亲王"号，开往这个海域，截击"俾斯麦"号。一场海战爆发了。在二次大战的这次英、德海军的正式交锋中，英军出师不利，"霍德"号在战斗中被击沉，舰上的 1400 名官兵，除了死里逃生的 3 人外，全部丧生鱼腹。"威尔士亲王"号见势不妙，隐藏在烟幕后面，向"俾斯麦"号猛烈射击后逃走。初次交锋就这样结束了。不久以后，"俾斯麦"号就从英军的雷达屏幕上消失了。英军参谋部派出了航空母舰"胜利"号在附近海域搜寻，结果一无所获。

　　5 月 25 日，英国另一艘航空母舰"皇家之舟"号上的飞机，发现了"俾斯麦"号战列舰，英军立即出动"乔治五世"号和"罗尼"号两艘战列舰前往拦击。战斗中，从"皇家之舟"号上起飞的飞机炸毁了"俾斯麦"号上的主舵，可是"俾斯麦"号却挣脱了"乔治五世"号和"罗尼"号的火力网向布勒斯特方向逃窜。

　　5 月 27 日，一艘英军巡洋舰"陶塞斯·舍尔"号，在海上遇到了伤痕累累、奄奄一息的"俾斯麦"号。英舰迅速向它发射了 3 枚鱼雷，德舰中弹起火，不能再前进了。不久以后，随着一声巨响，这艘作恶多端的纳粹战舰就消失在大西

洋的万顷碧波之中。全舰 2000 名官兵仅有 110 多人被"陶塞斯·舍尔"号和附近的一艘德国气象研究船救起。在英、德海战刚刚爆发 5 天，德军海上战斗力最强的"俾斯麦"号战列舰便沉没海底，退出了战争，这对德军的士气造成很不利的影响。

法西斯德国为了鼓舞士气，重振军威，大肆宣扬"俾斯麦"号是在重创英军数艘军舰后，受了重伤失去了续航能力，全舰官兵为了不辱德国军人的荣誉，自沉了战舰。舰上官兵也殉舰而死，不愿逃生。

同盟国方面也不能肯定"俾斯麦"号最终沉没是什么原因。因为英舰的鱼雷击中它以后，过了一会儿，它才爆炸沉没。"俾斯麦"号沉没在大西洋底，因水深无法打捞和勘察，所以长期以来它的沉没原因成了史学界争论不休的话题。

曾有美国一位科学家带领的研究小组揭开了这个谜。他们乘坐先进的微型潜艇，在法国布勒斯特附近 4600 米深的海底找到了"俾斯麦"号的残骸，从中得到了许多珍贵资料，其中还包括"俾斯麦"号船员拍摄的珍贵的战时纪录片。

原来，在 1941 年 5 月 22 日的战斗中，"俾斯麦"号的燃料舱被击中起火。5 月 27 日，它中了 3 枚鱼雷，遭到了灭顶之灾。它是被英舰击沉的。

现在，美国科学家还没有公布全部的资料。显然，这样做是为了吊人胃口；是为他们将要撰写的论文、著作和拍摄的电影提供悬念。

（赵立军）

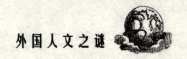

"阿波丸"号被击沉之谜

在战争中，交战双方击沉对方的舰船，是再正常不过的事。可是，人们对第二次世界大战中，日本货轮"阿波丸"被美军潜艇击沉一事，一直议论纷纷。这究竟是为什么呢？

原来，"阿波丸"不是一艘普通的货轮，它带有"绿十字"标志。这是一种特殊的记号，根据国际公约，使用这种标志是交战双方都予以保护的战时急救用品运输船。它拥有"安导券"，可以免受敌方舰船和其他武装力量的攻击。

可是，1945年4月1日，当它穿越台湾海峡时，美国"皇后鱼"号潜艇在没有向它发出任何警告的情况下，对它连续发射了4枚鱼雷，使它连"SOS"的呼救信号都没来得及发出，就连同2009名乘员和满舱货物沉没在波涛中。这种不尽合理的结局，加上当时的历史背景，使人觉得其中大有文章。

事实上，从1945年初开始，美国政府就从人道主义出发，多次通过国际红十字会向日本提出要求，要日本派遣绿十字船向被监禁在南洋各地的盟军战俘和侨民运送急救物品。可是日本政府一直持不合作态度予以拒绝。时隔半年，日本军部却一反常态，同意派绿十字船出航，使人感到其中另有

目的。现在真相已经大白，日本的绿十字船确实另有使命，它表面上装的是急救品，装出一副人道主义的模样，背地里夹运着南洋各地日军急需的武器、弹药和装备的零部件。日本人在这些船上还装了自爆装置，只要遇到美军检查，其阴谋将要暴露时，就自毁灭迹。

被击沉的"阿波丸"上也满载着刚刚从新加坡装船的大批战时禁运品，还搭乘了包括许多日本军政大员的 2009 名乘客，准备通过南中国海返回日本本土。这次航行开始很顺利。途中几次遇到美方的飞机和潜艇，可是，当他们看清船上的绿十字标记后，就迅速地离去，没有给它带来任何麻烦。"阿波丸"船长十分庆幸，总是不到天黑就打开绿十字标记的探照灯，以使敌方舰船、飞机更容易看清楚。可是，他没有想到，厄运最终还是降临了，"阿波丸"在福建省牛山岛附近海域被"皇后鱼"号发射的鱼雷击中爆炸。从它被击中到从海面上消失，历时仅 3 分钟，船上只有炊事员下田勘太郎 1 人生还。

这个事件发生后，美国方面立即承认了全部事实，并且正式表示承担全部责任：审判惩处"皇后鱼"号的艇长劳弗林；战后解决赔偿问题。事隔 3 个月后，劳弗林艇长在关岛受审。审判的结果是，劳弗林在大雾中没有看清对方船上的绿十字标记，造成了这次严重错误，法庭只给予他"免去公职，送回本国"的处分。而后来的事实表明，美国军界并没有追究劳弗林击沉"阿波丸"的任何责任。

随着二次大战以日本战败而结束，赔偿问题也就不了

一万个奥秘一千个谜

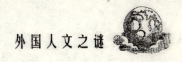

了之。

可是，战后许多人都关注"阿波丸"被击沉的真相。其中既有日本人，也有美国人。

很多证据都表明，劳弗林艇长的说法是站不住脚的。误击观点的成立，要依赖台湾海峡夜雾很浓这个重要条件。可是经多方查证，当时台湾海峡正被高气压覆盖，没有产生雾的条件，也根本没有雾。而对于劳弗林关于"来船速度很快，长度和日本驱逐舰差不多，因此在雷达屏幕上误认为是日军舰"的说法，人们也找到了否定的依据。在二次大战中，日本的商船是没有安装雷达的。在台湾海峡的浅海水域，它们就是想以18节的航速在雾中航行，也根本办不到。人们在调查中发现，当时"阿波丸"按国际惯例，每天3次用普通电报通告自己的船位；"皇后鱼"上也有收到电报的明确记载。在"皇后鱼"号上还找到出事前3天接到的美国太平洋舰队潜艇司令部的密电。内容是："让运输急救物品的'阿波丸'无事通过。该船预计3月30日至4月4日从贵艇巡航的海面北上。夜航有绿十字。"这就使劳弗林艇长很难自圆其说。

· 但这封电报却旁证了击沉"阿波丸"不是美国军方的蓄意行动。这使此事件陷入迷雾之中，难以分辨真相。

有人推断击沉"阿波丸"在美军内部另有安排，其原因有丽个：一是船上装有包括黄金、宝石在内的大量贵重物资；二是船上乘客中有日本的高级军官和情报部门的头目。美方掌握了这些情况，为了防止这些人回到日本，产生不利于战局发展的后果，采取了如此下策。美国政府对此一直不置可

否，而且也没有什么具体的证据，这些只能是一种合理的想像。

现在，根据美国政府提供的重要线索和具体帮助，"阿波丸"已经被我国海军打捞出来，并找到了和美方提供的数据相符的锡锭、云母、铝锭等等，但是，没有发现黄金、白银等贵重金属和珠宝。这似乎也能说明些问题。

看来，除非能从美国获得属于高度机密的历史资料，否则"阿波丸"被击沉之谜将永无破解之日。

（赵立军）

一万个奥秘 一千个谜